신입사원
이강훈

박천웅 지음

21세기북스

프롤로그

버티면 살아남은 줄 알았지?

"이강호 씨, 웬일이야? 시키지도 않은 야근을 다 하고. 호봉 오른 만큼 충성하는 건가? 좋아, 그런 자세 아주 좋았어!"

밉상 공 과장은 하는 말도 밉상이다. 부하직원이 모처럼 일 좀 하겠다는데, 격려의 말 치고는 너무 경박한 말이다. 그렇지만 이강호는 공 과장의 말을 반박할 수가 없었다. 지금 자신의 심정을 너무나 정확하게 말했기 때문이다. 회의 시간에도 매일 헛다리 짚는 소리만 하는 공 과장이 모처럼 맥을 제대로 짚었다.

오늘로 이강호는 입사 1년째를 맞았다. 회사라는 조직은 정확하게 1년을 기점으로 무섭게도 채찍과 당근을 함께 주었다. 약간의 월급 인상에 잠시 흥분하고 있던 이강호 앞에 인사고과 파일이 보란 듯이 던져졌던 것이다. 그동안 선배들이 인사고과 때문에 노심초사하는 모습을 익히 봐왔지만 지난 1년, 이른바 신입 기간 동안에는 남 얘기일 뿐이었다. 신입사원에게는 '권한'도 주어지지 않지만 '책임'도 주어지지 않았기 때문이다. 그러나 이제 이강호도 조직의 냉정한 평가를 받는 대상에 속하게 된 것이다. 바로 오늘 부로!

파일에는 지금까지 달성한 업무 성과에 대해 적는 칸과 현재 추진 중이거나 앞으로 추진하고자 계획 중인 업무에 대해서 적어야 하는 칸이 있었다. 그렇지만 1년차들은 그동안의 성과에 대한 칸을 채울 필요가 없었다. 회사에서조차 그 기간을 잡무의 기간으로 치부하는가 보다.

지난 1년, 눈코 뜰 새 없이 바쁘게 지내왔다. 허구한 날 야근을 하느라, 여자 친구와 헤어질 뻔한 위기까지 맞았을 만큼 회사 일에 시달려 왔다. 그렇지만 그 '일'이라는 것이 회사에서도 인정받지 못하는 것이었나 보다. 하긴 고작해야 사내 연락, 보고서 작성, 자료 수집 같은 보조적인 업무가 신입 사원 이강호가 해냈던 '일'이라는 것이었다. 결과에 대한 책임도 크지 않아서, 지각이나 결근 또는 항명 없이 시간 내에 주어진 업무만 충실히 해내면 큰 탈이 없었다. 세상에는 회사의 운명을 좌우할 정도의 비중 있는 일을 신입 사원한테 맡길 얼빠진 회사도 없고, 설사 치명적인 실수가 있다 해도 책임은 윗사람들의 몫으로 돌아가는 것 또한 상식이었다. 물론, 지금 이 순간에도 상식 밖의 일들은 얼마든지 일어나고 있지만!

대부분의 경우, 신입 사원이 커다란 실수를 하면 크게 찍히는 정도의 대가만 치르면 된다. 지금까지의 이강호 경우가 그랬다. 그런데 이제는 달라졌다. 인사고과가 시작됐다는 의미가 바로 그것이다. 해낸 일을 낱낱이 평가해서, 몸값을 제대로 하고 있는지 저울질하겠다는 것 아닌가. 한마디로 돈 주는 만큼 시키겠다는 것이다.

이강호는 마음이 무거웠다. 책임도 부담스러웠지만, 막상 서류를 앞에 두고도 쓸 것이 없다는 것이 더욱 마음을 무겁게 했다. 그동안의 실적은 쓸 필요가 없다지만, 향후 자신에 대한 업무 평가의 바탕이 될 '앞으로의 계획'에 대해서는 써내야했는데, 그 또한 쓸 것이 없다. 막막했다. 초등학교 때 백일장 대회였나? 아니면 사생대회였나? 아무튼 무릎 위에 놓인 원고

지나 도화지를 보면서 느꼈던 막막함이 어렴풋이 떠오른다. 바로 이 순간의 기분과 무척이나 비슷했던 것 같다.

　그 옛날 이강호 어린이는 교내는 물론 읍내, 아니 도내 대회에서까지 1등을 먹을 수 있는 멋진 작품을 만들어 내고 싶었다. 꿈은 그랬다. 그러나 욕심만 앞설 뿐, 도대체 무엇을 채워 넣어야 그 '1등'을 먹을 수 있을지 알 수 없어 입술만 잘근잘근 깨물던 기억이 있다. 이제 막 입사 1년차를 맞는 이강호도 뭔가 신선하고 의미 있는 '한 방'을 날릴 수 있는 프로젝트를 기획하고 싶어 입술이 근질거린다. 그러나 마음뿐이다.

　정글 같은 조직 내에서 살아남기 위해서는 뭔가 눈에 띄는 일을 해내야만 한다는 것쯤은 각종 처세서들을 들춰 보지 않아도 본능적으로 알 수 있는 문제다. 그렇지만 도대체 어디에서부터 출발해야 할 것인가를 말해 주는 책들은 없었다. 콕 집어서 '무엇'을 해내라는 조언은 누구도 해 주지 않았던 것이다. 그래서 머리가 깨질 것만 같았고, 퇴근 시간이 한참 지났지만, 퇴근도 못한 채 자리에 앉아 있는 것이다. 작심 3일로 끝나더라도 새해 첫 날에는 다짐 몇 가지쯤은 가져보듯이, 바로 오늘, 뭔가 가닥을 잡아야 할 것 같았다.

1

새내기 어부의 외침

새내기 어부의 외침

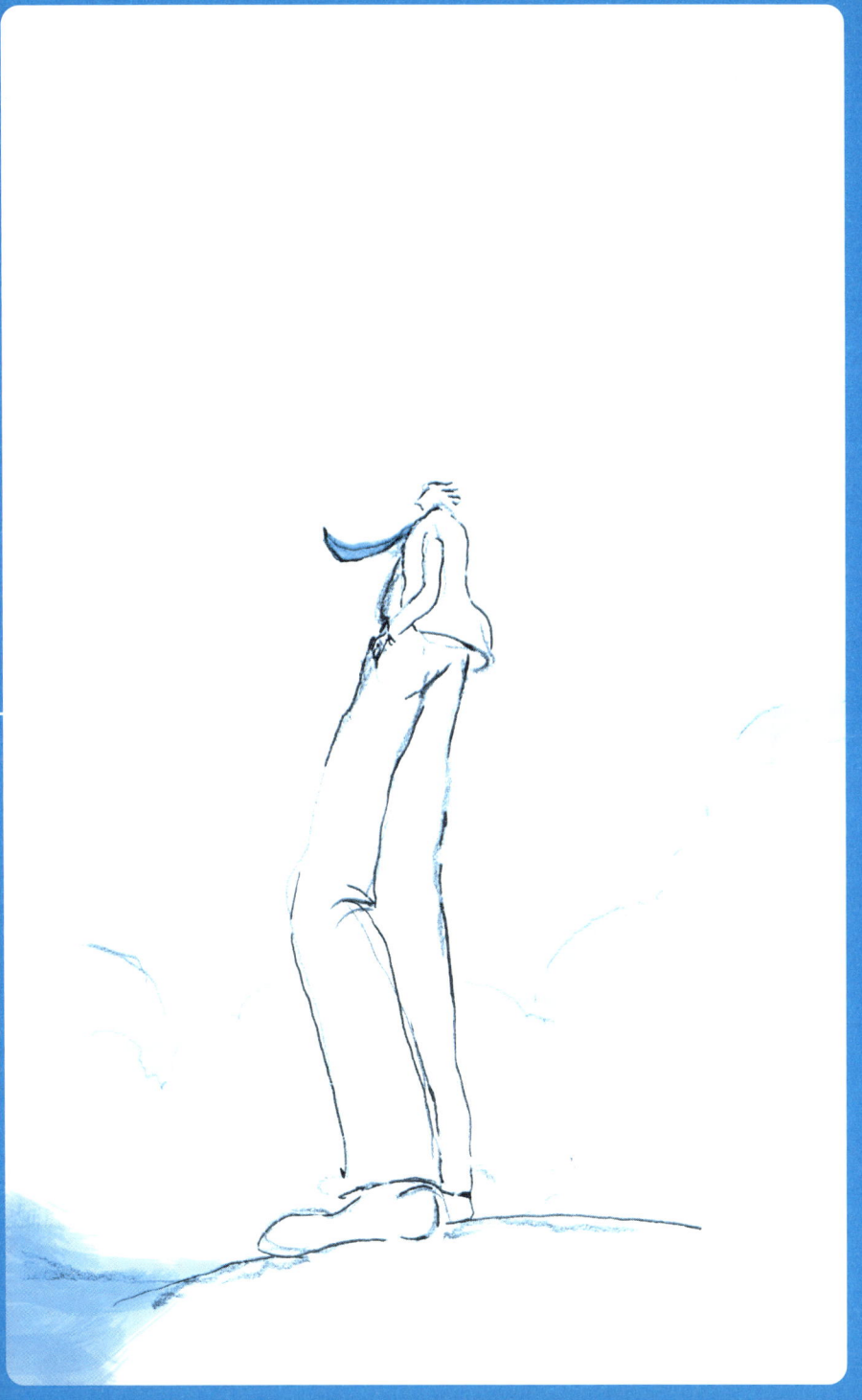

옛날 어느 바닷가에 한 어부가 살았습니다. 하루도 빼놓지 않고 어둠이 내린 새벽 바다로 배를 저어 나가던 그 어부에게는 꿈이 있었습니다. 한번이라도 먼 바다에 나가 배가 넘치도록 고기를 싣고 돌아오는 것이었습니다.

그러나 꿈을 이루기에 어부의 현실은 암담하기만 했습니다. 어부가 사는 마을 앞바다는 해가 갈수록 고기떼가 줄어들어, 빈 배로 돌아오기 일쑤였습니다. 고기를 잡기 위해서는 먼 바다로 나가야 했지만, 어부의 배는 너무 작고 낡았습니다. 또 이제 갓 고기잡이를 시작한 어부는 경험 많은 어부들처럼 바람의 냄새나 파도의 모습, 바다의 빛깔만으로 날씨를 가늠하는 재주도 없었습니다. 어부는 절망에 빠졌습니다. 고향을 떠나는 이웃들처럼 자신도 이곳을 떠나 다른 터전을 찾아야 하는 것은 아닌지, 고민도 했습니다.

그러던 어느 새벽, 아직 술기운에 취한 어부의 눈에 신기루 같은 풍경이 펼쳐졌습니다. 멀리 여명에 물든 수평선 위로 은빛 파도가 넘실대고, 그 파도를 타고 수천의 고기떼가 튀어 오르고 있었던 것입니다. 마치 어부에게 손짓이라도 하는 듯.

어부는 당장 포구로 달려 갔습니다. 포구에 쓸쓸히 정박해 있는 어부의 배는 여전히 작고 보잘 것 없었습니다. 자신 역시, 여전히 서툰 새내기 어부일 뿐이었습니다. 하지만 어부는 자신에게 귀한 재산이 있다는 것을 새삼스럽게 깨달았습니다. 튼튼한 두 팔과 더욱 튼튼한 심장!

어부에게 먼 바다는 더 이상 꿈이 아닙니다. 반드시 도달해야 할 목표인 것입니다. 어부는 반짝이는 수평선을 향해 힘껏 외쳤습니다.

"그래, 가자! 바다로!"

1
성공, 김 이사만큼 하자

창 밖에는 벌써 어둠이 짙게 내려앉아 있었다. 멀리 술집들의 네온사인이 크리스마스트리처럼 반짝인다. 저 화려한 불빛 아래서도 수많은 인생들이 밥벌이의 괴로움을 쏟아내고 있을 것을 생각하니 이강호는 입맛이 썼다. 갑자기 연초에 끊은 담배 생각이 났지만, 차가운 물 한잔으로 욕구를 가라앉혔다. 돌아보니 새해 들어 제대로 해낸 일이라곤 '금연' 뿐이었다. 이제 한 달을 조금 넘겼을 뿐이지만, 아무리 생각해도 이것만은 대견하다. 처음엔 힘들었지만 생각보다 견딜 만했다. 하루에 두

갑씩 피우던 담배를 뚝 끊은 다음, 허벅지 찌르며 참아온 그간의 고통을 생각하니 좀처럼 다시 피울 생각이 나지 않는다. 비싼 술일수록 아껴먹고, 오랫동안 공들인 여자일수록 조심조심 대하게 되듯이, 모든 사물의 가치는 투자의 크기와 비례하는 법이다. 시간이 갈수록 노력의 기간도 늘어나는 것이고, 투자의 크기도 늘어나는 것이므로 그 귀한 가치를 헛되이 땅바닥에 던지고 싶지 않은 것이다.

문득, 직장이란 것도 이런 게 아닐까 싶었다. 간혹 상사들에게서 '저러고도 다니고 싶을까' 싶은 비굴한 모습들을 보게 되지만 그들이 그러고도 다닐 수밖에 없는 이유 또한 투자의 크기 때문일 것이다. '목구멍이 포도청인데, 이 나이에 나가면 또 뭘 하겠나' 하는 말들을 하는데, 이강호 생각은 다르다. 앞날에 대한 두려움보다는 지난날에 대한 아까움 때문에, 까놓고 말해서 '본전 생각' 때문에 결단을 내리지 못하는 것이라고 본다. 십수 년, 또는 수십 년 동안 모진 꼴을 다 참아내며 겪어 왔던 시간이기에 미련도 그만큼 큰 것 아닐까. 이강호는 부르르 진저리가 났다. 그런 모진 목숨이 되지 않기 위해서는 지금부터 중심을 잘 잡아야 한다.

아직은 스물일곱! '사오정' '오륙도'라는 말은 먼 얘기일 수도 있다. 하지만 인생도 눈 깜짝할 새라고 아버지가 늘 말씀하시지 않던가. 그래서 초조하다. 과연 이 순간 무엇을 잡아야만, 지나온 시간만 한탄하며 초라하게 자리에 연연하지 않고, 당당한 내 자리를 지키는 인생이 될 수 있단 말인가.

1년 전, 이강호가 이 회사에 입사해 인사팀에 배치된 것은 그저 어쩌다 보니 이루어진 일이었다. 대학 졸업 후 택한 첫 직장이었지만 솔직히 만족스러운 출발은 아니었다. 유수의 대기업에 지원했다 아쉽게 고배를 마신 뒤의 차선책이던 것이다. 어디에 갖다 붙여도 좋을 경영학이라는 전공 덕분에 인사팀에 발령받게 된 것뿐이었고, 딱히 지원했던 부서도 없었다.

대학 시절 나름대로 학점 관리도 해오며 충실하게 지냈지만, 인사 업무를 배웠던 기억은 없다. 회계부서에 발령받은 회계학과 출신조차 대학시절 배운 것을 써먹을 게 없다고 할 만큼 학교에서 배운 지식과 현장에서 요구하는 지식은 달랐다. 하물며 인사 업무에 대해 배웠거나 관심조차 둔 적이 없었던 이강호로서는 좌충우돌 몸으로 익히고 배우며 1년을 지내올 수밖에 없었다. 그러는 동안 몇 번쯤 회의가 들기도 했다. '과연 이 길이 내가 원하던 길이었나?'

기회를 찾아 직장을 옮기는 친구들이 요즘 하나, 둘 보인다. 입사 후 한 달, 1년, 3년이 고비라고들 한다. 그래서 1년을 맞는 이 즈음, 입사 동기들이나 동창들 가운데 유난히 이직자들이 많다. 그런 주변의 움직임에 잠시 흔들린 적도 있지만, 사실 이강호는 이직을 심각하게 고려하지는 않았다. 유명 기업이 아니라 남들 앞에 폼이 나지 않는다는 것과 많지 않은 월급, 그리고 조금은 불안한 조직 구조 등은 이 회사의 매력을 반감시키는 요인이다.

그러나 시간이 갈수록 매력이 더 크다고 느낀다. 대기업에 비해 경험의 폭이 넓기 때문에 오히려 비전이 있다. 대기업 인사팀에 있는 친구를 만나 봤지만, 단지 1년이 지난 후 그 친구와 이강호 사이에는 벌써 많은 차이가 생겨 있었다. 규모가 클수록 그 안의 일개 조직원이 담당하는 업무는 세분화될 수밖에 없다. 전문화될 수는 있겠지만, 대신 전체를 보기 힘들다는 단점도 있다. 이강호의 경우, 책임지워진 일은 별 볼일 없었지만, 인사 업무뿐 아니라 영업이니 관리팀의 일까지 훤히 꿰뚫어 보고 있었다. 그것은 뛰어난 능력 때문만은 아니다. 전체가 한 눈에 보이는 작은 조직의 특성 때문이었다. 단 시간 안에 조직 전체를 배우기에는 대기업보다는 중소기업 쪽이 훨씬 유리하다고 했던 선배들의 말을 이제야 알 것 같았다.

그렇지만 회사 내에서의 입지도 만만치는 않다. 작은 정글도 정글은 정글이다. 손바닥만한 동물원 안에서도 서열 싸움이 벌어지는 것이 자연의 법칙이다. 회사라는 정글 내에서의 법칙도 다르지 않다. 먼저 내달리고, 먼저 올라가기 위한 싸움은 보이는 곳에서, 또 보이지 않는 곳에서 피터지게 이루어지고 있었다. 같이 출발한 동기들 가운데는 벌써 두각을 나타내는 친구도 있어서 이강호는 더욱 초조했다. 얼떨결에 배치된 인사팀이 과연 자신의 적성에 맞는 곳인지도 확신이 서지 않았다. 남들은 '끗발' 있는 자리라며 부러워하기도 하고, 진급을 위해서는 유리한 자리니 딴 생각 말고 지키라는 조언을 해주는 선배도 있다. 물론 인사팀에 있으면 회사 내의 정보와 동향을 가장 빨리 감지할 수 있다.

　그러나 결국 직원들 뒤치다꺼리일 뿐, 창의적으로 일을 치고 나가는 부서는 아니다. 젊은 이강호에게는 2퍼센트, 아니 20퍼센트 쯤의 갈증이 있었다. 좀 더 다이내믹한 경험을 하기 위해 영업 쪽으로 옮겨 볼까 하는 욕심도 났다. 언젠가 내 사업을 해 볼 생각이라면 영업 쪽은 반드시 거쳐야 할 코스 아닐까. 갈피를 잡을 수가 없다. 아무튼 빨리 진로를 잡고 성공을 위해 매진해야 할 텐데, 어느 쪽으로 어떻게 뛰어야 할지 영 알 수가 없는 상태였다. 그래서 1년 축하주 한 잔 사겠다는 윤 선배의 제안까지 거절하며 혼자 빈 사무실에서 머리를 싸매고 있는 것이다.

　이강호는 그동안 자신이 해 왔던 일들을 돌아보기로 했다. 최근에 구입한 처세서에 적힌 '아는 곳에서 시작하라'는 말을 주목했던 것이다. 책상 위에 있는 각종 업무 관련 서류들을 모두 꺼내 보았다. 컴퓨터상의 파일들도 일일이 들춰보았다. 자질구레해 보이는 이 서류 더미 속에 어쩌면 길이 보일지도 모른다. 앞으로 1년 동안 매달려야 할 프로젝트를 찾을 수 있을지도 모른다. 그런 생각으로 컴퓨터 모니터를 주시하고 있을 때였다. 갑자기 누군가의 손이 어깨를 툭 내리쳤다.

"앗! 깜짝이야!"

소스라치듯 놀라며 돌아보니 기획팀 김 이사가 싱긋 웃으며 내려다보고 있다. 모두 퇴근한 줄 알았는데 김 이사도 아직 퇴근 전이었다. 하긴 김 이사에게는 야근이 일상이었다.

기획이사 김도진. 김 이사는 화려한 이력을 자랑하는 40대 초반의 젊은 임원이다. 회사에 활기와 변화를 주도할 인물로 특별히 스카우트돼 왔다더니, 그에 걸맞게 기획실에서부터 새로운 바람을 몰고 오는 모양이었다. 김 이사의 표정 속에는 항상 자신감이 물씬 배어 있었다. 지금도 그렇다.

갑자기 이강호는 김 이사를 역할 모델로 삼아야 할 것 같다는 생각이 들었다. 그는 분명, 이 업계에서 성공한 인물로 통하고 있지 않던가. 젊은 직원들이 은근히 선망하기도 하고 궁금해 하는 인물이기도 한 그가 이강호의 고등학교 선배라는 사실은 최근에 알게 됐다. 동문 모임에서 한 번 얼굴을 익힌 후로는 임원을 대할 때의 위축감 대신 선배를 대할 때의 친근감이 먼저 들었다. 김 이사도 그런 감정이라면 좋을 텐데…….

"인사팀 업무는 혼자 다 하나? 이 서류들은 다 뭐야?"

김 이사가 서류 더미들을 가리키며 말을 건넸다.

"찾아 볼 게 좀 있어서요."

"서류 더미 속에 길이라도 보이나?"

이강호는 흠칫 놀랐다. 김 이사가 마치 자신의 마음을 꿰뚫고 있는 것만 같아 괜히 움츠러들었다. 김 이사는 책상 위에 놓여 있는 책 한 권을 집어 들며 말했다.

"이강호 씨, 야심가였구먼! 입사 1년 만에 회사를 통째로 집어삼키는 연구를 하는 중이었나?"

김 이사가 집어든 것은 입사 후 1년이 평생을 좌우한다는 둥 하는 처세서였다. 며칠 전 인터넷으로 구입한 것이 오늘 도착해서, 아직 한장도 읽지 않은 상태였는데 하필 그 책을

들었다.

"입사 1년차면 이제야 일 좀 할 때군. 어때, 할 만한가?"

이강호는 아랫배에 힘을 꾹 주며 대답했다.

"네, 할 만합니다."

남들은 줄을 대고 싶어 안달하는 회사의 실세가 눈앞에 서 있지 않은가. 상대는 고등학교 선배. 인간적으로 다가설 수 있는 더없는 기회다 싶었다. 줄을 잘 서는 것도 성공을 위한 무시할 수 없는 조건이라는 것도 아마 처세서 둘째 장쯤에 나와 있을 것이다. 그래서 배에 힘까지 주며 자신감을 표출했건만, 김 이사의 반응은 뜻밖이었다.

"자신만만한 거 보니까, 아직 멀었는데?"

허를 찔렸다. 당당한 태도를 보여 주려고 했을 뿐인데, 뭔가 허점이 보였다.

"일이 시시하지?"

"아닙니다."

이번에는 겸손모드로 돌아가 답을 해 보았다. 그러나 이것도 정답은 아니었나 보다.

"1년차가 하는 일이 거기서 거길 텐데 시시하지 않아? 야망이 없는 거야, 능력이 없는 거야?"

기분이 상했다. 그리고 말문도 막혔다. 뭔가 이 사람? 말장난 하자는 건가? 이강호는 도대체 어느 쪽으로 대답을 해야 할 지, 감이 잡히지 않았다. 솔직히 말하다간 찍힐 것 같고, 허세를 부리다간 망신을 당할 것만 같았다.

김 이사의 농담반 진담반, 무시하는 듯한 말투에 반발조차 하지 못한 채 살짝 기분이 상한 이강호는 입을 닫고 있었다. 그러자 김 이사는 아예 옆자리의 의자를 끌어내 자리에 앉으며 말을 이어갔다.

"회사에서 시키는 일, 뭐 별 거 있나? 매일 그게 그건데 당연히 시시하지. 그런데 그걸 시시하다고 무시하다 큰 코 다치는 사람, 많이 봤지."

이강호는 김 이사의 말에 흥미가 생겼다. 김 이사는 야유를 하기 위해 말을 꺼낸 게 아니었다.

"내가 대기업에 엔지니어로 들어갔을 때, 1년 동안 했던 일이 뭔 줄 알아? 허구한 날 설계도 복사만 했어. 나뿐만이 아니

라 신입들이 다 그랬어. 이건 뭐 시시한 정도가 아니라 자존심이 상해 죽을 지경이었지. 엔지니어로 들어왔는데 복사나 시키니까 얼마나 불만이 많았겠어? 투덜거리면서 대충 해나갔지. 그런데 그 중 한 친구는 좀 달랐어.

복사 하나를 하면서도 색깔이랑 명암을 적절하게 조절해서 가장 선명한 농도를 찾아냈고, 귀퉁이 하나 비뚤어지지 않게 정확하게 하려고 노력했지. 복사 하나를 하면서도 신경을 썼던 거야. 어떻게 하면 더 잘 할 수 있을까 하고 말이야. 그리고 잘하는 방법을 찾아냈지. 그 후로 중요한 설계도 복사는 모두 그 친구한테 떨어졌어. 물론 일은 많아졌지. 그런데 그 친구 어떻게 됐게?"

갑작스런 질문에 당황하고 있는 이강호에게 김 이사가 먼저 답을 말했다.

"최연소 과장이 됐지. 그러더니 다른 기업에 스카우트돼서 나갔어."

'그럼, 혹시 그 사람이 당신?' 그런 생각을 하고 있을 때 김 이사가 또 기습적으로 물었다.

“성공하고 싶지?”

이번에는 이강호도 반사적으로 대답했다.

“성공하기 싫은 사람도 있나요?”

‘에라 모르겠다.’ 하는 심정이었다. 그러자 김 이사의 널찍한 손바닥이 이강호의 등을 철썩 쳤다.

“그렇지! 이제야 맘에 드는 대답을 하는군! 성공해야지. 어떻게 태어난 인생인데! 맘에 드는 대답을 했으니 내가 비법도 하나 알려줄까? 성공하고 싶으면 일하는 방법을 배우도록 해! 어떤 상황에서도 주저 없이 일을 치뤄낼 수 있는 사람이 성공하는 건 당연한 공식이야. 그런 사람이 되기 위해서는 일하는 방법을 배워야 돼.”

“…… 어떻게요?”

“일 잘하는 사람한테 배우면 되지. 나 같은 사람한테! 부자가 되고 싶으면 부자들의 특성을 알면 되듯이, 일을 잘하고 싶으면 일 잘하는 사람의 특성을 알면 되지. 날 잘 모시라는 말이야. 그럼 수고!”

농담인지 진담인지 모를 얘기를 남기고 김 이사는 자리에

서 일어섰다. 구시대적인 인맥이나 연줄을 통한 인사를 배척하는 것으로 유명한 김 이사가 자기한테 배우라는 말을 던진 건 무슨 의미일까. 이강호는 그 말이 줄을 서라는 의미와는 분명히 다르다는 것을 안다.

선문답 같은 대화였다. 그러나 이강호는 희미하게나마 한 줄 희망을 잡은 듯한 기분이었다. 일하는 방법을 배우라…….

그렇다! 공부 잘하는 아이들도 공부하는 '방법'을 알고 있다지 않던가. 조직에서 인정받고 성공하는 사람들은 기본적으로 능력 있다는 평가를 받는 사람들이다. 그들은 어떤 일을 맡게 되든 남들보다 앞서 나간다는 특징이 있다. 그것은 길을 알기 때문이다. 길을 모르면 더듬거리게 된다.

그러나 길을 아는 사람은 남들이 헤매고 있을 때, 자신 있게 성큼성큼 앞서 갈 수 있다. 일하는 방법을 알면, 성공을 향한 지도를 갖고 있는 것이나 마찬가지다.

'그래, 그 지도를 찾아보자!'

이강호는 서둘러 책상을 정리했다. 그 지도는 이 서류 더미들 사이에 숨어 있지 않다는 것쯤은 알 수 있다. 어렴풋이나마 길이 보이는 듯 했다. 이강호의 가슴은 헬륨을 가득 채운 풍선처럼 갑자기 부풀어 올랐다.

Mentor Message

준비된 사람은 일하는 방법을 안다

준비된 사람만이 성공을 하고, 기회를 잡을 수 있다. 그렇다면 정답 없는 세상, 변화무쌍한 이 세상에 준비된 사람은 어떤 사람일까?

어떤 상황에서도 성공할 수 있는 요소를 가진 사람이다. 어떤 일이 주어져도 해결할 수 있는 사람이다. 문제를 풀어나가는 방법을 알고 있는 사람이다. 일하는 방법을 알고 있는 사람이다.

성공하고 싶다면 일하는 방법부터 배워라. 사회에서 부딪치는 모든 문제는 정답추구형의 문제가 아니다.

정답이 아니라 최적안을 찾아야 한다. 지식이 아니라 지혜가 필요하다. 지식을 효과적으로 사용할 수 있는 방법을 알아야 한다.

성공한 사람들의 이야기에 귀 기울여 보라. 그들은 지식이 많은 사람들이 아니다. 지혜가 있는 사람들이다. 일하는 방법을 알고 있는 사람들이다.

2
모든 일의 시작은 긍정적 수용이지!

복사기 앞에 선 이강호 귓전에 김 이사가 했던 말이 쟁쟁 거렸다. 복사 하나를 할 때도 최선을 다하는 사람이 성공하는 사람이라고 했던가. 지금까지 복사할 때 생각하는 일이라곤 트레이에 용지가 부족하지는 않나, 누가 끼어들어 새치기나 하지 않나 하는 정도였다. 그러나 지금 이강호는 글씨의 농도까지 세밀하게 조절하며 복사를 해보려 하고 있다.

그래도 이건 아닌 것 같다. '안 쓰는 전등은 끄고 다니자.' 는 공고문이나 복사하고 있는 이 일이 그다지 자랑스럽지 않았던 것이다. 사무실 게시판마다 붙여 놓는 공고문의 작성과 복사, 배포는 인사팀 이강호의 전담 업무였다.

'한 주만 지나봐라. 이것도 안녕이다.'

이강호는 신입 사원들이 배치되는 다음 주만을 기다렸다. 그러면 적어도 이런 허드렛일에서는 벗어나게 될 것 아닌가. 이런 생각으로 사무실을 돌며 공고문을 붙이고 온 이강호 앞에 공 과장이 또 다른 공고문 하나를 던져준다.

"이강호 씨! 이것도 복사해서 돌리도록 해. 지금 바로!"

이럴 때 정말 힘이 빠진다. '신입아, 어서 들어와라!' 속으로 부르짖으며 공고문을 받아드는 이강호에게 공 과장이 비아냥거린다.

"이강호 씨는 좋겠어. 김 이사한테 술 얻어먹게 됐으니. 근데 김 이사는 왜 이런 걸 하지? 자기 라인이라도 만들려는 건가?"

이건 또 무슨 소린가? 김 이사가 1년차들을 위한 격려의 술자리를 마련한다는 안내문이었다. 이강호는 갑자기 마음이 설렌다. 혹시 어젯밤의 대화가 김 이사를 움직이게 했던 것일

까?

    금요일 밤의 강남역 주위는 대낮처럼 번잡했다. 이강호는 기분이 묘했다. 강남역 인근의 유흥가는 친구들과 약속이 있을 때 종종 찾는 곳이라 익숙했지만, 회사 사람들과 회식을 하러 이곳까지 왔던 적은 한 번도 없었기 때문이다. 입사 1년차들을 격려한다고 김 이사가 술자리를 마련했다. 김 이사는 회사가 있는 약수동에서 한강 다리를 건너 굳이 강남까지 일행을 이끌고 왔다.

    "기왕이면 물 좋은 데서 놀아야지. 꽃미남, 꽃미녀 많은 동네, 어때 싫은가?"

    "싫을 리가 있나요. 무조건 GO죠! 역시 이사님은 감각파이십니다!"

    영업팀 오달수가 잽싸게 아부를 한다. 별 뜻 없는 발언일지 모르지만 이강호 귀에는 오달수의 말이 어쩐지 거슬렸다. 회사 내 권력의 움직임에 언제나 발 빠르게 대처하며 윗사람들에게 각별하게 어필하는 오달수의 민첩함은 이미 정평이 나 있었다. 오늘 그의 태도를 보자니 사내의 떠오르는 실세인 김 이사에게 착 붙어 보겠다는 의지가 너무도 명확하게 드러난다. 속이 훤히 보일 정도로 나서는 것을 보면, 보통 비윗살이 아니다. 그러나 이강호는 속으로 코웃음을 쳤다. 김 이사와 이강호 사이에는 발 빠른 오달수조차 모르는 끈끈한 공감대가 이미 형성돼 있었기 때문이다.

이강호 혼자만의 착각이라 해도 좋다. 그러나 왜 하필 자신과 만난 다음날, 이 모임의 공고가 났을까? 아무래도 김 이사가 그날 자신과의 대화에서 힌트를 얻어 1년차들을 모아 뭔가 한마디 하고자 자리를 만든 것만 같았다. 이강호는 김 이사와 자신 사이에 남모르는 끈적끈적한 핫라인이라도 생긴 양 기분이 들썩였다.

일행은 강남역 부근에 있는 깔끔한 인테리어의 맥주 집에 들어가 자리를 잡았다. 맥주를 직접 제조해서 판매하는 곳이었다. 단순한 호프집이었다면 어쩐지 좀 김이 빠졌을 자리가, 다시 활기를 띠었다. 감각파 김 이사의 선택은 빛났다. 모두들 특유의 향을 담은 맥주들을 가득 채워 건배를 했다.

"오늘은 내가 자네들한테 위로주 한 잔씩 사주려고 만들었네. 다음 주면 신입들이 들어올 테니 자네들도 뒷방 신세야. 이제 후배들 술 사줘야 하는 처지가 어떤 건지 알게 되겠지. 선배들한테 진탕 얻어먹던 좋은 날도 끝이니까, 오늘 실컷 마셔두도록! 자, 건배!"

맥주든, 소주든 술은 참 묘하다. 상사와 부하 직원, 임원과 평직원이라는 불편하고 딱딱했던 관계도 술을 앞에 놓으니 한결 부드러워지는 것 같으니 말이다. 김 이사는 20년 가까이 차이가 나는 1년차들과도 격의 없이 어울렸다. 유머도 있고 재치도 넘쳤다. 감각도 유연한 것이 간부급 특유의 권위적인 면은 없었다. 만약 김 이사를 상사와 직원이 아니라 사적인 자리에서 만났더라면 좋은 형님으로 모실 수도 있었을 것 같았다. 그의 시원스럽고 여유로워 보이는 모습이 좋았다. 저녁식사를 대신해 안주들로 배를 채우고, 한 잔씩 술잔도 비워갈 즈음이었다. 김 이사는 웨이터에게 메모지와 볼펜을 주문했다.

"술도 한 잔씩 들어갔겠다, 헌팅이라도 나서야 할 때 같은데? 파트너들 필요하지 않아?"

이렇게 느닷없이 제안을 던지더니 김 이사는 일행들에게 메모지를 한 장씩 나누어 주었다.

"이름표 붙이고 미팅합니까?"

누군가의 질문에 김 이사가 대답했다.

"상상력 빈곤에 이해력까지 부족이야! 내가 헌팅이라고 했지? 헌팅들 안 해본 거야?"

"헌팅은 안 해보고 부킹만 해 봤습니다."

술기운 어린 시답잖은 농담에 웃음을 터뜨렸지만, 일행들은 모두 김 이사의 행동을 의아하게 바라보고 있었다.

"메모지에 자기 이상형을 적도록 해! 단, 조건은 네 가지만. 나이, 직업, 옷차림, 헤어스타일, 신체적 특징 같은 드러나기 쉬운 것 중에서 정할 것. 길바닥에 나가서 찾아야 되는데, '통장이 몇 개예요?' 이런 거 물었다간 뺨 맞기 십상일 거 아니야."

발그레 취한 얼굴로 싱글싱글 웃으면서 말하고 있었지만, 김 이사의 웃음에는 날카로운 메시지가 담겨 있었다. 적어도 이강호의 눈에는 그것이 보이는 것 같았다.

"그런데 자기 이상형을 직접 찾아오기는 좀 그렇잖아? 그러니 서로 찾아주자고. 남이 적은 이상형을 하나씩 집어 들고 저기 강남역 네거리로 나가는 거야. 그래서 부합하는 파트너를 찾아다 주는 거지. 여성 동지 두 분은 서로 교환하면 되겠네. 자, 언더스탠?"

"진담이세요?"

누군가 의심스럽게 물었다. 사실 모두들 어리둥절해 하고 있었다. 그런 표정을 읽었다는 듯 김 이사는 단호하게 말했다.

"당연하지! 그리고 장난으로만 생각하지 말도록! 여러분의 첫 번째 인사고과에 반영할 예정이니까! 그리고 다들 파트너가 필요했던 표정들이었는데, 내가 잘못 읽었나?"

"제대로 읽으셨습니다!"

역시나 오달수다. 그는 제일 먼저 종이를 펴고 끼적끼적 이상형을 써내려 갔다. 인사고과라는 말이 위압적이었던지, 잠시 멀뚱거리던 일행들도 하나 둘 종이를 집어 들고 써내려 가기 시작했다. 그때 누군가 수군댔다.

"야, 사이즈까지 적어도 되는 거야?"

그 실없는 소리에 김 이사가 끼어들었다.

"어허! 너무 욕심내지는 맙시다. 다음 진도는 각자 능력에 맡기기로 하고 우선은 흔히들 아는 조건부터 시작해 보기로 하지. 사실 진짜 선수는 조건 따위 가리지 않는 법이거든."

자리에는 웃음이 퍼졌다. 그런데 이강호는 시원하게 웃을 수가 없었다. 어쩐지 지금 이 자리가 시험처럼 느껴졌기 때문이다. 며칠 전 김 이사가 던졌던 말도 떠올랐다. '일하는 방법을 배워라!' 분명 김 이사는 뭔가 의도하는 것이 있어서 이런 시답잖아 보이는 이벤트를 준비한 것이다. 그런 생각 때문에 이강호는 술이 확 깨면서 부담이 몰려왔다.

거기에 더해 뭔가 마음을 편치 않게 하는 것이 또 있었다.

'이 기분은 뭐지…… 맞다! 민아!'

그랬다. 여자 친구 민아가 걸렸던 것이다. 솔직히 길거리 헌팅에 호기심도 생겼지만, 왠지 그런 마음을 민아가 훤히 지

켜보기라도 하는 듯해서 좀 찝찝했다. 일에 쫓겨 얼굴도 제대로 못 본다며 투정하던 것이 한두 번이 아닌데, 괜히 오해 살 일을 하게 되는 건 아닐까? 누군가 질문을 던졌다.

"이사님! 애인 있는 사람도 참가합니까?"

이강호와 같은 걱정을 하는 동료가 또 있었다.

"Why not? 단, 오늘 밤 우리는 이 자리에서 아무것도 못 보고, 아무것도 못 들은 거지. 혈서 따위는 안 써도 합의한 겁니다."

김 이사의 말에 애인 있는 몇몇은 '브라보!'를 외쳤고, 싱글들은 따가운 야유를 던졌지만 이제 모두가 공범이 돼 버렸다.

잠시 후 작게 접힌 쪽지들이 테이블 위에 흩어졌고, 각자 손을 뻗어 하나씩 자신의 몫을 잡아들었다. 우습게도 이강호는 종이를 펼쳐드는 손이 조금 떨리기까지 했다. 마치 미팅에서 파트너라도 정하는 순간처럼.

이강호가 뽑은 종이에 써 있는 조건은 다음과 같았다.

긴 생머리

직장인

치마 차림

다리가 예쁠 것

관리팀의 서정우가 적어낸 것이었다. '짜식, 밝히긴!'

서정우가 적어낸 조건은 쉽다면 쉽고 어렵다면 어려운 것이었다. 길거리에서 흔히 보이는 차림이지만, 마지막 부분이 걸린다. 예쁜 다리라…… 다른 동료들의 쪽지를 봐도 그다지 까다로운 조건은 없는 것 같았다. 자신의 입장도 생각해 서로서로 봐준 모양이었다.

"주어진 시간은 한 시간. 제일 먼저 미션을 수행한 사람한테는 10만 원 건다! 자, 출발!"

김 이사의 말이 끝나자 모두들 종이쪽지를 하나씩 들고 밖으로 나섰다. 테이블을 떠날 때는 호기롭게 나섰지만 문을 나설 즈음에는 불평들이 터져 나왔다.

"술 사 주려면 그냥 사 주지, 이건 또 뭐냐? 쪽팔리게 이런 것까지 해야 되는 거야?"

"그래도 이사가 시키는 걸 안 할 수 있냐? 난 찍히기 싫다. 다녀올란다."

몇몇은 벌써 거리로 퍼졌다.

"야, 넌 그냥 여자 친구한테 전화해. 대충 데려오면 되지 뭐. 꼭 집어서 조건 다 맞출 필요 있냐?"

"그래. 떡 본 김에 굿이나 하자. 공짜로 데이트 하는 거지."

누군가 제안하자 오달수는 기다렸다는 듯이 전화를 돌렸다. 여자 친구를 부를 모양이다.

이강호는 속으로 혀를 찼다. 여우같은 녀석. 하지만 이 순간만은 오달수의 선택이 지름길이 아닐 것 같다는 생각이 들었다. 저렇게 술수로만 살 필요가 있을까? 이강호는 기회가 주어졌을 때는 그냥 부딪쳐 보는 것이 삶의 맛이라고 생각했다. 게다가 이번 미션에는 분명히 이유도 있을 것 같았다.

거리에 나서 일단 주위를 둘러봤다. 고맙게도 긴 생머리에 치마를 입은 여자들은 많고도 많았다. 그렇지만 막상 말을 걸려니 민망했다. 먼저 머릿속으로 작전을 세워봤다. "도를 아십니까?"류의 잡상인 취급을 받을 수는 없으니, 일단 직장과 신분을 밝히고 미션에 대해 있는 그대로 말을 하는 것이 좋을 것 같았다. 등 뒤에서 불쑥 나타나거나 몸을 '툭' 치는 것은 치한으로 오해받을 수도 있으니 최대한 정중하게 앞에서 나타나는 것이 좋겠다 싶었다. 또 다른 생각도 불쑥 솟았다. '아예 부킹 분위기로 '술 한 잔하자'는 식의 접근이 차라리 효과적일까?' 그러나 고개를 털었다. 양복까지 차려입은 오늘의 모습으로는 후자가 먹히기는 힘들 것 같았다. 정공법으로 나가기로 했다. 그런데 생각보다 쉽지 않았다. 어렵게 말을 걸어 보면 직장인이 아니었고, 또 바쁘다며 서둘러 가 버렸다. 또 긴 생머리에 다리 예쁜 여자들은 왜 그리 남자 친구와 함께 가는 경우가 많은지…….

그때 커다란 화장품 매장을 발견했다. 유리창 안에는 긴 머

리에 치마 차림의 예쁜 여자들이 우글거렸다. 직장인이라면 어떤 직장이든 상관없는 것 아닌가. 브랜드 화장품 회사에 소속돼 매장에 나와 있는 사람이니 분명한 직장인이었다. 이강호는 가게로 들어가기 전에 먼저 탐색부터 했다. 빙고! 안쪽에서 손님을 맞고 있는 한 아가씨의 다리선이 예술이었다. 당장 매장으로 들어가 먼저 매니저를 찾은 뒤 양해를 구하고, 문제의 주인공에게도 허락을 청했다. 어렵지 않게 승낙을 받았다. 단, 근무 중이기 때문에 오랜 시간을 지체할 수는 없고 단 20분의 시간만 허락받았다.

이강호는 긴 생머리에 치마 차림에 다리도 예쁘고 얼굴까지 예쁜 직장인 아가씨와 호프집으로 달려갔다. 미션이 시작된 지 30분밖에 안 됐지만 몇몇 동료들은 벌써 도착해 있었다. 아쉽게도 이강호와 함께 온 파트너는 기념 사진 한 장만 찍은 채 자리를 떠나야 했다. 김 이사는 그녀에게 문화 상품권을 기념 선물로 전달했다. 문화 상품권은 모든 '파트너들'을 위해 준비된 선물이었다. 1시간이 다 될 즈음 들어온 서정우에게 그녀의 사진을 보여 주며 확인을 받았다. 보너스로 그녀의 전화

번호까지 건넸더니, 애인 없는 서정우의 얼굴이 환하게 밝아졌다.

이강호가 적어냈던 쪽지는 영업팀의 문용태가 집었었다. 그런데 문용태가 데리고 온 여성을 보는 순간 이강호는 '이건 아닌데' 싶었다. '청바지, 귀걸이, 긴 파마머리, 까무잡잡한 피부'를 적으며 이효리의 이미지를 떠올렸건만, 조건에는 얼추 맞아 떨어지는 그녀에게서는 이효리의 흔적이라곤 전혀 느껴지지 않았으니 말이다. 해석이 이렇게 달라질 수도 있다니!

어쨌든 모두들 성공했다. 이 나이쯤 됐으면 길거리 헌팅쯤이야 뭐 어려울 것도 없을 것이다. 또한 거기엔 1년 동안의 직장 생활도 조금은 도움이 됐을 듯싶다. 조건에 맞는 대상을 찾는 최적안을 찾는 데는 직장 내 '잡무'에서 터득한 각종 '잔머리'들이 필요하니 말이다.

함께 맥주잔을 기울이게 된 사람은 여성 동료들이 데리고 온 남성 두 명을 포함해 다섯 명 뿐이었다. 그나마 그 중에 한 명은 얍삽한 오달수의 애인이었다. 나머지 파트너들은 약속이 있어서 바쁘다는 등의 이유로 확인만 받고 자리를 떴다. 한 잔

씩의 술잔이 다시 돌 때 김 이사가 미션에 대한 평가를 했다.

"다들 실력 좋네. 하긴 왕년에 헌팅 한번 안 해 본 사람 없을 테니까. 이 자리에 와 주신 분들, 도대체 저 친구들 뭘 믿고 따라 오셨나요? 어쨌든 이렇게 만난 것도 인연인데 다들 즐겁게 한 잔씩 합시다. 브라보!"

"브라보!"

젊음은 유연하다. 30분 전에 처음 만난 낯선 이들도 오래된 친구처럼 격이 없이 어울려 잔을 기울였다. 몇몇은 금세 자리를 떴고, 몇몇은 2차까지 이어질 태세였다. 파트너들이 일찍 자리를 뜨는 바람에 다시 솔로가 된 사람들은 1차에서 그냥 일어섰다. 안타깝게 이강호도 그쪽이었다. 김 이사도 계산을 마치고 술집 문을 빠져나왔다. 어느 자리든 심플하게 끝낸다던 소문처럼, 억지로 2차 3차 권하지 않는 태도도 마음에 들었다.

인사를 하고 헤어지려는데 김 이사가 외쳤다.

"잠실 쪽 가는 사람 있어요? 나 택시 타려는데 송파 쪽 가는 사람 같이 갑시다."

송파라면 이강호 집 방향이었다.

"저요!"

이강호는 저도 모르게 번쩍 손을 치켜들고 김 이사와 동행했다. 차에 오르려다 보니 남아 있는 동료들의 표정이 어색했다. 혹시 이강호의 이 행동이 오달수류의 아부처럼 오해받는 것은 아닐까, 슬며시 걱정도 됐다. 하지만 이미 저질러진 일. 이강호는 김 이사의 재촉에 택시 안에 발을 들여놓고 말았다.

차가 출발하자 김 이사가 입을 열었다.

"나는 복 받을 거야. 이렇게 좋은 일만 주선하고 다니니까. 공식적으로 바람피울 기회까지 줬잖아. 자네는 그것도 못 챙기고 뭐야, 재미없게!"

"여자 친구가 사주를 한 모양입니다. 골목에서 보고 있었는지 뒤통수만 따갑더니 결국 파트너도 안 도와주네요."

"자네도 떡 본 김에 제사 지내지 그랬어? 여자 친구랑 못했던 데이트를 이런 기회에 할 수도 있었을 텐데. 똑똑한 친구들처럼!"

이강호는 찔끔했다. 그럼 김 이사는 오달수가 여자 친구를

데리고 온 사실도 알고 있었다는 말인가?

"어떤 일이든 쉽게 가는 방법은 많아. 땅 짚고 헤엄칠 수도 있고, 택시 타고 마라톤 결승점까지 가는 방법도 있지. 그렇지만 모든 일이 그렇게 호락호락하지 않으니 문제지."

이강호는 자신의 추측이 맞았다고 느꼈다. 김 이사는 이 술자리에서 뭔가 메시지를 던지고 싶었던 것이다. 아니면 1년차들의 숨겨진 면면을 파악하고자 했던 것이었을지도 모른다. 저 머릿속에 무슨 생각이 들었는지 알 도리가 없지 않은가. 김 이사가 말을 이었다.

"아마 술집 문을 나서면서 '도대체 이런 거까지 해야 돼?' 하는 말들이 튀어나왔을 거야. 그러다 잔머리를 굴려서 손쉬운 방법을 택한 친구도 있을 테고, 우직하게 일단 부딪쳐 본 친구도 있겠지. 자네처럼!"

칭찬인가?

"1년 지나보니까 일이 우습게 보이지? 회사에서 하는 일이야 늘 거기서 거기니까, 요령도 생겼을 테고, 좀 더 큰일을 왜 안 맡기나 욕심만 나고, 우리 회사는 왜 이런 일만 하나 갈증도 나고 말이야? 하지만 그때가 위험할 때지."

이강호는 수긍할 수밖에 없었다. 사실 요즘 기분이 그랬으니까. 그런 그에게 김 이사가 일침을 가했다.

"진짜 시작은 지금부터야. 어떤 일이든 주어졌을 때 우습게 보지 않고 무시하지 않고, 잔머리 쓰기 전에 먼저 진지하게 긍정적으로 받아들이기. 이게 모든 일의 시작이라고!"

말이 끝날 무렵, 어느덧 택시는 김 이사의 집 앞에 도착했다. 기사에게 택시비를 건네며 이강호를 굳이 차에 태우고 자상하게 문을 닫아준 김 이사가 창문 너머로 한 마디를 던졌다.

"축하하네! 오늘 자네는 통과야!"

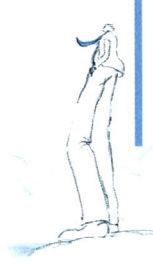

Mentor Message

성장하려면
지루한 시간을 견뎌라

일을 잘하기 위해서는 업무에 관한 기본 지식이 있어야 한다. 그러나 그 것만으로는 부족하다. 무엇보다 가장 중요한 것은 긍정적 사고를 가지는 것이다. 긍정적 사고는 일을 받아들이는 자세, 즉 마음가짐을 말한다. "이건 나하고 관계 없는 일인데……." 하는 순간 일은 엉망이 된다.

조직은 그의 태도에서부터 평가를 시작한다는 것을 잊지 말자. 무슨 일을 하느냐보다 어떠한 마음가짐으로, 어떻게 하느냐가 성공을 결정한다.

일이 손에 익는 1년차쯤 됐을 때는 반복되는 업무보다는 새로운 분야로만 눈을 돌리려 한다. 그러나 어떤 일이든 지루한 반복의 시간을 거쳐야 경지에 올라설 수 있는 법이다. 새로운 것만 찾다가는 평생 초보 인생을 살아가게 된다.

이 시기에 맡은 일에 최선을 다하고 그 일을 통해서 뭔가 일하는 방법을 배우려고 하고, 그 일을 더 잘해서 차별하려고 하는 노력이 따라 줘야 된다. 지루한 반복의 시간을 견뎌내야만 껍질을 깨고 멋지게 알에서 나올 수 있는 것이다.

3
레프팅과 같은 팀의 운명

꽃피는 봄이 왔다. 물오른 봄 나무들처럼 이강호도 요즘 에너지로 넘친다. 의욕을 돋우는 몇 가지 변화가 있었기 때문이다.

드디어 신입이 들어왔다. 이강호에게도 후배가 생겼다. 이것은 큰 변화다. 최소한 자료 수집이나 서류 작성 또는 허드레한 잡무들을 넘겨줄 사람이 생긴 것이다. 그것은 좀 더 창의적인 업무가 가능해졌다는 의미이기도 하다. 더 정확히 말하자면 책임이 더해진 것이다.

얼마 전까지만 해도 참석하지 못했던 기획 회의에 참석하게 된 것도 변화 중의 하나다.

신입 사원 교육 프로그램에 관한 회의에도 이강호가 참석하게 됐다. 기획팀과 인사팀이 공동으로 진행하는 비교적 큰 회의였기에, 참석한다는 것만으로도 이강호에게는 의미가 있었다. 얼마 전까지만 해도 선배들이 회의실에서 열심히 의견을 나누고 있을 때, 자리나 지키며 전화를 받고 있던 신세였지 않던가.

이강호 마음이 설렌 데는 또 다른 이유가 있었다. 지난 술자리 이후 왠지 친근감을 느끼게 된 김 이사가 회의에 참석하기 때문이다. 그날 헤어질 때 김 이사가 뭐라 그랬던가. "자넨 통과야!"라고 하지 않았던가. 그게 어떤 의미인지는 정확히는 모르겠다. 하지만 '탈락'이 아니라 '통과'라니 뭔가 이강호를 잘 봤다는 뜻이 아닐까. 진실이야 어찌됐든 이강호는 그 말 한마디에 굉장히 고무돼 있는 상태였다. 그래서 오늘 같은 기회에 김 이사 눈에 확실하게 도장을 찍어 주고 싶었다. 자신을 더 잘 내보이고 싶었던 것이다.

기다리던 회의 시간이 왔고, 이강호는 김 이사에게 반갑게 인사를 건네며 회의실로 들어갔다. 김 이사 역시 시원스러운 태도로 반갑게 인사를 받았다. 물론 이강호에게만 그런 것은 아니었지만.

　　회의가 시작됐다. 그런데 회의 상황은 이강호의 기대와 전혀 다른 쪽으로 진행되었다. 과연 속담과 금언은 동서고금의 진리였다. 기대가 크면 실망도 크다는 말 역시 틀리지 않았다. 회의 시간을 악몽으로 만든 결정적인 요인은 공 과장이었다. 무능한 상사가 부하 직원까지 피해를 보게 만든다는 법칙 역시 진리임을 느꼈다. 이제 겨우 삼십 대인 공 과장은 김 이사보다도 훨씬 고리타분했다. 새로운 문화나 트렌드에 대한 관심도 없는데다, 기본적으로 파격과 변화를 거부하는 성향이었다. 평소에도 이강호가 내는 아이디어를 무참하게 밟았던 적이 많았다. 오늘도 마찬가지였다. 며칠 전부터 이강호가 자료를 찾고 고민한 몇 가지 아이디어를 건넸지만 묵살해버렸다. 혹시나 뭔가 복안이라도 있나보다 했는데, 정작 기획팀과의 회의에서 공 과장은 의견도 제대로 펼치지 못한 채 고리타분

한 한두 개의 아이디어로 일관하고 있지 뭔가. 답답한 마음에 이강호는 공 과장이 무시해 버린 자신의 아이디어를 직접 말해 버리고 말았다.

　"연수 프로그램이라고 틀에 박힌 내용만 택할 필요는 없다고 봅니다. 공 과장님이 말씀하신 부모님과의 대화 같은 것은 군대에나 어울릴 법한 프로그램입니다. 독립적인 요즘 세대의 정서와 맞지도 않고 회사 연수 프로그램에는 적합하지 않다고 봅니다. 대신 요즘 한창 유행인 보드게임 같은 것을 채택하는 것도 좋을 것 같습니다. 보드게임의 특성상 단합도 도모할 수 있고 흥미도 유발시킬 수 있습니다. TV 오락 프로그램에서처럼 X맨을 도입하는 것도 재밌을 것 같습니다."

　"X맨? 그건 또 뭐야?"

　이강호가 자신의 의견을 치고 아이디어를 내는 데 내심 불쾌해 있던 공 과장이 꼬투리 하나 잡았다는 투로 비아냥거렸다.

　"전체 중 한 명을 X맨으로 정해서 모두에게 비밀로 부친 뒤, 특별한 미션을 주어서 수행하게 하는 겁니다. 참가자들은

누가 X맨인지 의심도 하고 관찰하면서 단체 행동이 끝난 뒤 답을 찾아내는 것입니다. 날카로운 관찰력을 확인할 수 있는 시간이 될 것이라고 생각합니다."

TV 프로그램 얘기라 쉽게 공감하는 듯 동료나 선배들은 킬킬거렸다. 그때 한참 동안 이야기를 듣고만 있던 김 이사가 한마디 했다.

"이강호 씨! 군대에 어울릴 프로그램과 회사 연수에 어울릴 프로그램이 다르듯이, TV오락 프로그램과 연수 프로그램도 의미가 다르겠죠? 끊임없이 의심하고 속여야 하는 쪽보다는 부모님을 모시고 회사를 소개하는 신파 쪽이 연수 취지와 더 부합하는 것 같네. 큰 줄기를 잊지 말기로 합시다. 그리고 공 과장! 인사팀 내에서 아직 컨셉도 안 잡힌 건가요? 팀 내 의견도 아직 중구난방이네요. 엉뚱한 방향으로 흘러가지 않도록 컨셉부터 분명히 한 다음, 다시 회의하도록 합시다."

자리가 갑자기 싸늘해졌다. 이강호의 얼굴에도 핏기가 사라졌다. 회의란 난상 토론이 가능한 자리 아니던가. 그 자리에서 설사 적절하지 않은 의견이 나왔다 하더라도 이렇게 밟을 수가 있는 건가? 김 이사는 바람 소리를 내며 회의장을 빠져 나갔다. 마지막까지 자리를 뜨지 못하고 있던 이강호의 등을 기획팀 동료가 두드리며 위로했다.

"원래 아이스맨이잖아. 우린 이제 익숙해졌어. 가차 없이 차갑게 밟아 버리는 사람이야. 마음 상할 거 없어."

이강호의 마음은 쉽게 회복되지 않았다. 애정과 신뢰를 쏟던 상대에게서 받은 상처는 더 깊고 날카로운 법이다. 좁은 회사이다 보니 김 이사와 부딪칠 일이 몇 번 있었지만, 얼굴을 바로 보기도 힘들었다. 그러나 일주일 후, 어쩔 수 없이 만나게 되는 순간이 왔다.

회사에서 야유회를 떠났다. 이번 봄 야유회는 한탄강에서 래프팅으로 정해졌다. 자연은 그 어떤 약보다도 강한 진정제였다. 버스를 타고 도시를 떠나 국도를 달리는 동안 불편했던 이강호의 마음도 조금씩 씻겨져 가고 있었다. 산기슭 외딴 곳에서도 봄꽃들은 피어나고 나무는 싹을 틔우고, 생명은 숨쉬고 있었다. 이강호는 차창 밖으로 비치는 봄 풍경에 가슴이 뭉클해졌다.

'그래, 너희들도 살고 있구나!'

아직 바람은 선선했지만, 햇살은 따사로웠다. 한탄강에 도착한 직원들은 열 명씩 팀을 이루어 준비 운동을 한 뒤 배를 탔다. 대부분 소속 부서가 중심이 됐지만, 인원 배분 때문에 깍두기처럼 이쪽저쪽으로 갈라진 부서원도 있었다. 누군가 팔꿈치로 이강호의 팔뚝을 툭 쳐왔다. 오달수였다. 영업팀 오달수가 이강호와 같은 보트를 타게 된 것이다.

"야, 이 배에는 어떻게 신입이 한 명도 없냐? 내가 힘 좀 써야겠는데! 강호 씨야 워낙 곱게 자란 사람이라, 정작 이 배에서 힘 쓸 사람 나밖에 없구먼. 아 이러면 정말 피곤한데!"

오달수의 저 설레발을 감당하기 싫어서 이강호는 될 수 있는 한 멀찌감치 앉으려고 했지만, 결국 앞 뒷자리에 배치 받고 말았다. 드디어 물살을 가르며 래프팅에 나섰다. 모두가 하나

가 되어 구호에 맞춰 노를 저어갔다. 이강호는 바로 뒤에서 오
달수가 질러대는 요란한 구호 때문에 귀가 따가웠다. 그 소리
를 지우려니 이강호도 소리를 질러댈 수밖에 없었다. 그런데
소리를 질렀더니 기분이 한결 좋아졌다. 스트레스도 날아가는
듯했고 속이 뻥 뚫렸다. 이강호는 이제 오달수보다 더 크게 목
청껏 구호를 맞추고 있었다.

물살을 따라 작은 고무보트는 이리 저리 움직여 갔다. 급류
를 타고 출렁일 때는 아랫배가 찌릿하며 움찔하기도 했지만
스릴, 그 자체였다. 굳이 노를 젓지 않아도 물살은 열 명이 빽
빽이 앉아 있는 보트를 아래로, 아래로 움직여 갈 것이다. 때
로는 정말 물살에만 몸을 맡겨야 할 지점도 있었다. 그러나 그
대로 두 손 놓고 있다가는 배는 강변에 처박힐 수도, 바위 위
에 올라 앉을 수도 있다. 뒤집어져 물속에 처박히지 않고 제대
로 목적지에 도달하기 위해서는 끊임없이 노를 저어 줘야 하
는 것이다.

어쨌든 세월은 간다. 굳이 버둥거리지 않아도 세월은 어딘
가로 우리를 데려다 줄 것이다. 그러나 원하는 곳에 이르기 위

해서는 노를 저어 줘야 한다. 목청 터져라 소리도 지르고 있는 힘, 없는 힘 짜내가며 물살에 맞서야 한다. 아니, 물살을 제대로 타야 한다. 어차피 물살을 거스를 수는 없다. 단지, 그 안에서 제대로 방향을 잡고 살아 남아야 한다. '난 지금 제대로 방향을 잡아 가고 있는 것일까.'

그런 생각을 하며 노를 젓는데 갑자기 배가 휘청하더니 뱅글뱅글 도는 게 아닌가. 앞으로 가야 할 배가 빙글 돌고 있었다. 이게 어찌된 일인가. 잠깐 생각에 잠겼던 이강호도 정신이 번쩍 들었다. 조교의 날카로운 지시도 들렸다.

"오른쪽 맨 뒤! 힘 빼!"

오른쪽 맨 뒤라면 이강호였다.

"누가 혼자서 튑니까? 배 엎어지는 꼴 보고 싶습니까? 물 좀 먹어야겠습니까?"

이강호는 '아차' 싶었다. 딴 생각에 빠져서 무작정 노를 젓다가 힘을 너무 줬던가 보다. 시작하기 전에 실컷 물을 먹었던 터라 '물 좀 먹겠냐?'는 말에 이강호는 움찔했다.

"어이, 이강호 씨! 요즘 힘 쓸 데가 없나봐! 하하!!"

오달수가 한마디 거들었다.

"혼자만 힘써 봤자 배 안 나갑니다! 래프팅은 팀워크라고 했습니까, 안 했습니까?"

"했습니다!!!"

조교의 말에 훈련 잘된 병사들처럼 팀원들은 입을 모아 대답했다. 자신의 실수 때문에 멈춰 섰다는 것 때문에 아직도 머리가 좀 멍했지만, 이강호도 힘을 실어 대답했다.

"튈 생각 말고, 다같이 구호 맞춰서 다시 출발!"

이강호는 노를 잡은 손을 움직이며 부지런히 다른 사람의 손놀림도 지켜봤다. 조교가 출발 전부터 강조했던 말이 이제야 떠올랐다. 래프팅에서는 힘 좋은 장정 한 명보다 열 사람의 조화가 더 중요하다고 하지 않았던가. 이 작은 고무배가 움직이는 데에도 팀워크가 생사를 결정짓는다. 조금 전에는 단지 배가 빙 돌았을 뿐이지만, 급류에서 그랬다면 배가 엎어졌을지도 모를 상황이었다.

리더는 하나로 충분하다. 그리고 그가 옳은 결정을 내리든 틀린 결정을 내리든 팀원은 일단 따라야 한다. 옳지 않다고 혼

자서 다른 판단을 내려봤자 배는 제대로 움직이지 않는다. 그리고 혼자서 튀어 봐야 전체의 전진까지 해칠 뿐이다.

이강호는 그 순간 머리를 물에 한 번 담갔다 빼낸 것처럼 시원해짐을 느꼈다. 팀워크! 그동안 거부감이 앞서던 단어였다. 조직의 편의를 위해서 개인을 말살하려는 비인간적인 단어로만 느껴졌기 때문이다. 그러나 이제야 팀워크의 진정한 의미를 알 것만 같았다.

완전한 혼자가 아니라면, 전체 속에서 움직여야 한다면 나를 떠난 전체를 먼저 생각해야 하는 것이다. 그게 이른바 팀워크일 것이다. 아무리 능력이 앞선다고 해도 보조를 맞춰야지, 혼자 힘만으로는 끌고 갈 수 없는 것. 그걸 팀워크라고 하는가 보다.

조금 전의 사고가 약이 됐던지, 모두들 한층 더 단결된 몸짓과 함성으로 노를 저어갔다. 서로를 눈여겨 보며 있는 힘껏 노를 저었다. 그러자 배에도 점점 속도가 붙는 것 같았다. 급류 지점을 모두 통과한 후, 도착점이 가까워졌을 때는 한판 경주가 기다리고 있었다. 기다리고 있던 다른 팀과 결승점까지 먼저 들어가는 시합을 하는 것이다. 한창 열이 오른 팀원들에게 '경쟁'이라는 기름까지 부어지자, 열기는 걷잡을 수 없이 달아올랐다. 짧은 구간이었지만 열 명의 팀원들은 하나가 되어 노를 저었다. 완벽한 일체감이었다. 아드레날린이 최고조로 분비되는 듯 했다. 결과는 이강호 팀의 승리였다. 쾌감은 더 비할 데가 없었다. 팀 동료들은 서로 얼싸안고 뛰어올랐다.

뒤풀이 자리에서도 열기는 식을 줄 몰랐다. 동동주를 한 잔씩 앞에 놓고도 마지막 '전투'에 대한 무용담이 펼쳐졌다. 패한 팀, 승리한 팀들 모두 유쾌했다. 건배 제의 이후에 사장님의 한 말씀이 이어졌다.

"이게 바로 '붉은 악마' 정신이라는 것 아닙니까? 완벽한 하나의 느낌. 래프팅에는 팀워크의 모든 것이 들어 있습니다. 자, 오늘 우리는 모두 승자입니다. 우리의 승리를 위하여!"

"위하여!"

땀 흘린 후 노곤한 상태에서 알코올이 들어가서인지, 모두들 조금씩 흥분 상태였다. 이강호는 술잔을 들고 저쪽 건너편 테이블에 있는 김 이사에게 다가갔다.

"이사님, 한 잔 받으십시오!"

"술이 좋네. 오랜만에 얼굴에 화색이 도는데."

이강호는 가슴이 뭉클했다. 김 이사 역시 이강호의 불편했던 심기를 알고 있었나 보다. 갑자기 김 이사가 형님처럼 푸근하게 느껴졌다.

"술이 좋은 게 아니라, 승리가 좋습니다."

"이 친구! 참가하는 데 의의가 있지! 올림픽 정신도 몰라?"

김 이사는 아까 이강호 팀의 승리에 제물로 바쳐진 팀의 구성원이었다. 한 잔을 쭉 들이킨 김 이사가 이강호에게 다시 한 잔을 권하며 말을 이었다.

"이기는 거 좋지. 근성 없이 이룰 수 있는 건 아무것도 없어. 그런데 말이야 이강호 씨, 근성하고 튀는 건 다른 거 알지?"

이강호도 진지하게 말을 받았다.

"튀지 않고 묻혀 있다간 레이스에 끼지도 못하는 거 아닙니까?"

"무작정 튀어서 팅겨 나가도 레이스에서 제외돼. 자네 또

래들은 너무 '튀는' 데 목숨을 거는 경향이 있어. 그런데 말이야, 진짜 튀는 게 뭔지를 모른다는 게 문제야."

이강호는 가슴이 아려왔다. 지난번 회의 시간의 기억이 다시 떠올랐기 때문이다.

"이강호 씨! 어떻게 해야 진짜 튈 수 있는지 가르쳐 줄까? 성실한 게 진짜 튀는 거야! 속도 내고 싶어서 속이 터지겠지만, 그걸 견뎌내는 게 진짜 튀는 거야. 왜냐? 견뎌내는 사람이 별로 없거든!"

돌아오는 버스 안은 수면실이었다. 이강호도 의자를 젖히고 눈을 감았다. 오랜만에 안 쓰던 근육들을 써서인지 몸이 천근같았다. 이강호는 몰려 오는 졸음 속에 발그레 취한 얼굴로 김 이사가 자신에게 던진 말이 불쑥 떠올랐다.

"참, 그리고 그 날 말이야, 아이디어 좋던데!"

잠에 취한 이강호 얼굴에 미소가 번져왔다.

Mentor Message

성실한 게 튀는 것이다!

조직 생활에서 잊지 말아야 할 것이 팀워크다. 섣불리 튀다가는 오히려 미운 털만 박히게 된다. 차라리 자신을 낮추고 성실함으로 승부해야 한다. 예를 들어 자신이 낸 아이디어가 부서 밖에서 채택되었을 때도 "모두가 도와주신 겁니다." 하고 공을 부서 전체에 돌릴 줄 알아야 한다. 자신의 공을 내세우고 싶어, 팀이나 직속 상사를 깎아 내리는 행위는 금물이다. 조직은 생리상 팀워크를 중시한다.

따라서 내가 과장이 되고 싶다면 과장을 키워서 부장을 만들어라. 그러면 과장 자리는 저절로 내 것이 된다. 그 뿐이겠는가! 든든한 내 편도 하나 얻게 될 것이다.

피카소도 젊은 시절 미술에 대한 기본을 성실하게 쌓고 난 다음에 추상화를 그리기 시작했다. 기본을 먼저 다져야 한다. 사회 초년생들은 튀기 전에 기본을 배우고, 그 일에 최고가 되려고 노력하는 것이 우선이다. 성실함이 모든 것에 우선한다는 것을 명심하라. 성실성이 결여되면 신뢰가 무너지고, 신뢰가 무너지면 모든 게 무너지는 법이다.

2 만선을 위한 치피지기

만선을 위한 지피지기

작은 포구에 한 어부가 앉아 있습니다. 어부는 동틀녘부터 해질녘까지 바위처럼 묵묵히 앉아 어구를 매만지고 배를 손질했습니다. 이글거리는 태양빛에 목덜미가 새빨갛게 익어가는 것도 모른 채, 어부는 붙박이처럼 앉아 그물 손질에 몰두했습니다. 그물 손질이 끝나자, 이번에는 배 밑바닥에 붙은 해초들을 깨끗이 긁어냈습니다. 이어서 갑판에 난 크고 작은 구멍까지 손보는 동안 손마디에는 물집이 잡혔지만, 어부는 아픔도 잊은 채 열심히 배를 손봤습니다.

어둠이 내리면 어부는 선술집을 찾았습니다. 거기에는 이제 더 이상 바다에 나가지 않는 늙은 어부 몇이 술잔을 기울이며 넋두리를 늘어 놓고 있었습니다. 어부는 그들 곁에 앉아 바다 이야기를 물어 봅니다. 바람의 냄새는 날씨에 따라 어떻게 달라지는지, 고기떼가 몰린 바다의 빛깔은 어떻게 다른지, 묻고 또 물으며 귀를 기울였습니다. 처음에는 귀찮아하던 늙은 어부들도 술값을 치러가며 눈을 반짝이는 젊은 어부의 진심에 이끌려 평생을 두고 몸소 익혀온 모든 것들을 털어 놓았습니다.

　사람들은 어부를 손가락질했습니다. 아무리 손봐도 배는 여전히 너무 작았고, 아무리 배워도 앞바다의 고기떼는 이미 멀리 떠나가 버렸기 때문입니다. 그러나 어부는 아랑곳하지 않았습니다. 동이 트면 바닷가에 나갔고, 해가 지면 선술집으로 향할 뿐이었습니다.

　일찍부터 기러기들이 울어대던 어느 이른새벽, 부지런한 어부들조차 아직 잠들어 있는 조용한 바닷가에 작은 그림자 하나가 바삐 움직이고 있습니다. 잠시 후 그림자는 자그마한 배 한 척을 바다에 띄웁니다. 아직 검푸른 하늘 위에 걸린 새벽별들이 작은 배를 반겨 줍니다.

　이제, 어부는 바다로 갑니다.

4
나를 팔아요!

"역시, 장동건은 뭘 입어도 폼나. 백 바지가 아무한테나 저렇게 잘 어울리는 거 아니거든. 어머, 권상우 머리 좀 봐. 귀엽다. 그래, 시상식에는 저렇게 튀는 센스가 좋아. 근데 쟨 뭐야, 쟤 코디가 도대체 누구야? 얌전하게 생긴 애한테 언밸런스한 망사 드레스라니? 너무한 거 아냐?

오빠! 오빠 좋아하는 김혜수 나왔다! 역시 뭐니 뭐니 해도 시상식 의상은 김혜수지. 감각 있어. 근데, 오빤 별로 맘에 안 들겠다. 요번엔 노출 수위가 쪼끔 낮은데?"

"뭐야, 너무 심심하잖아. 저건 팬에 대한 예의가 아닌데."

"으이그……. 남자들이란! 어머! 현빈이다! 잘 입었다. 좀 마른 게 흠이긴 하지만… 운동 조금만 더하지."

민아의 품평회는 시상식이 끝날 때까지 이어질 태세다.

모처럼 일찍 퇴근하게 돼서 밖에서 저녁이라도 함께 할까 했는데, 민아는 영화 시상식을 봐야 한다며, 결국 배달된 피자와 콜라로 저녁을 때우면서 TV 앞에 앉아 있는 중이다.

민아는 아직 정식 디자이너는 아니지만 의류업체에서 일하고 있다. 의상을 전공했다는 이유로 민아는 패션에 관심이 많다. 스타들 의상을 봐야 한다며 각종 시상식도 빼놓지 않고 보는데, 그건 좀 의심스럽다. 의상을 핑계로 잘 생긴 남자 배우들 눈요기에 바쁜 것 같아 보이니 말이다. 배우들이 한 해 동안의 실력으로 평가받는다는 시상식 자리는 의상이나 스타일로 또 한 번 평가받는 자리가 되고 있다.

이강호는 항상 남들 입방아에 오르내리며 평가당하는 연예인이라는 직업도 참 피곤하겠다는 생각이 들었다. 그래도 30초 광고 하나에 수억씩을 버는 걸 생각하면 부럽긴 했다.

민아와 함께 TV 앞에 앉아 있지만 사실 이강호 머릿속은 다른 생각들로 가득 차 있다. 여배우들의 아슬아슬한 노출조차 오늘은 그리 자극적이지가 않다. 그만큼 스트레스 지수가 높다.

이번에 맡게 된 프로젝트의 부담 때문에 내내 고민이다. 게다가 프레젠테이션이 이틀 앞으로 다가왔다. 이강호는 슬며시 TV 앞을 떠나 컴퓨터 앞으로 자리를 옮겼다.

1년차가 되고 나서 제일 큰 변화는 인사고과가 정식으로 시작된다는 것이다. 이번에 맡은 프로젝트는 객관적인 평가가 내려지는 첫 과제이기 때문에 당연히 인사고과에도 큰 영향을 미칠 것이다. 윗사람들이 주관적으로 내리는 평가는 어쩔 수 없다 치더라도, 눈앞에 수치로 드러나는 실적만은 빵빵하게 채워 넣어야 하는 게 점수 관리의 기본이 아니던가.

그러기 위해서는 일단 폼 나게 프로젝트를 성사시키는 것이 중요하다.

"휴우……."

이강호는 한숨이 났다. 평가라는 것이 두려워졌다. 이강호 역시 TV 앞에서 난도질당하는 스타들과 다를 게 없었다. 힘 있는 윗사람들이 직원들의 생사를 거머쥐고 있는 게 사실 아닌가. 물론 윗사람들의 평가가 100퍼센트 객관적이라고는 말할 수 없다. 100점 만점에 10점이 나온다고 해서 10점짜리 인간이라는 말은 아니다. 그렇지만 그 점수는 회사 내의 이용가치에 있어서는 10점이라는 말과 같다.

높은 평가를 받지 못하면 결국 밀려나게 되는 빌미를 만든다. 그러다 도태되고 마는 것이 현실이다. 제대로 평가받으려면 목표도 제대로 잡아야 한다. 기회가 왔을 때 최선을 다해 보여 줘야 한다.

이런 생각을 하자 갑자기 초조해졌다. 뭔가를 해내야 한다는 부담감이 엄습했다.

'이번에 잘 해내야 돼! 기필코!'

이강호는 이를 악물고 컴퓨터 자료 파일들을 열었다. 신입 시절에는 프로젝트를 맡아서 해 본 적이 없었다. 팀에서 진행되는 프로젝트에 보조적인 역할을 수행하며 각종 자료들을 수집하고 파워 포인트 작업을 해낸 일이야 수없이 많았다.

사실상 공 과장이 팀장으로 진행했던 모든 작업들은 절반 이상 이강호가 해낸 것이나 마찬가지였다. 공 과장은 그렇다고 윗사람들 앞에서 이강호에 대해 공치사 한마디 해 준 적 없는 치사한 상사였다. 얄밉기 짝이 없었지만 덕분에 파워 포인트 실력은 일취월장하게 된 것은 공 과장한테 고마워 해야 할 부분인지도 모르겠다.

이번에 프로젝트를 맡으면서도 서류 작성은 큰 고민이 없었다. 그러나 스스로가 팀장이 돼서 프로젝트를 진행해야 한다는 것은 적지 않은 스트레스가 된다. 내용도 충실해야 할 뿐만 아니라 사장님과 임원들 앞에서 프레젠테이션까지 진행해야 하는데, 어찌 스트레스를 안 받을 수 있겠나.

이번 과제는 100대 기업체의 인사관리 시스템에 관한 조사였다. 이렇게 큰일을 도대체 왜 자기한테 주었는지 어리둥절하기도 했고, 공 과장이 뭔가 실수한 건 아닌가 싶기도 했다.

그러나 이제 알 것도 같았다. 회사 차원에서 볼 때 비중 있는 업무는 아니었다. 그저 참고 사항으로 이용하려는 모양이었다. 단지 일종의 업무 테스트일지 모른다는 생각이 들었다.

하지만 이강호에게는 첫 번째 관문이다. 그동안이야 싹싹하고 부지런한 모습으로, 특유의 친화력으로 스스로를 각인시켜 왔지만 이제는 본격적인 업무에서 인정받아야 하는 것이다.

지난 2주간 이강호는 열을 내서 부지런히 인터넷을 뒤지고, 친구들을 동원해 정보도 알아 내고 업체들을 방문하며 자료를 수집했다.

경영학과를 나왔기 때문에 대학 시절에도 프레젠테이션 경험은 있었지만, 대부분 팀을 짜서 과제를 했기 때문에 설치는 다른 친구들에 묻혀 기회를 피하곤 했었다. 이강호는 어떤 일이 주어지면 열심히 해내는 편이지만, 먼저 나서서 그 일을 떠맡는 타입은 아니었다. 이제 와서 그 일이 조금 후회되기도 한다. 그때 경험을 많이 쌓았더라면 지금 좀 더 수월하지 않았을까.

'까짓것! 지금부터 배우면 되는 거지!

열혈 강호, 이강호! 하면 된다!'

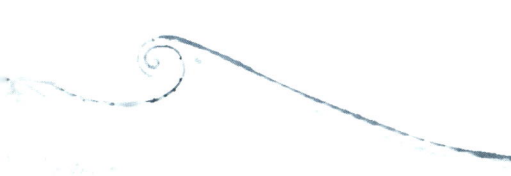

이강호의 최대 무기는 긍정적인 태도다. 잠깐 기죽었던 마음을 활짝 펴고 자료들을 살펴 봤다. 볼 때마다 손 볼 부분이 튀어 나오긴 하지만, 자료는 어느 정도 만족스럽게 준비됐다. 내용에 있어서는 다양한 소스들을 활용했다는 것이 장점으로 작용할 것 같았고, 파워 포인트 작업 역시 깔끔하게 잘 됐다고 본다. 얼렁뚱땅 치밀하지 못한 공 과장 눈에는 '으악' 소리가 날만큼 꼼꼼하게 조사했다고 생각한다.

이제 남은 것은 프레젠테이션이다. 그런데 사실 이것이 핵이다. 그 자리에서 제대로 어필하지 못하면 밤새고 준비한 것들도 모두 허사가 되고 만다. 기대와 긴장이 동시에 교차하는 게 이런 기분일 것이다.

"우리 오빠가 걱정이 많나 보네. 김혜수, 전도연도 눈에 안 들어오나 봐?"

어느 새 민아가 이강호 곁으로 다가왔다.

"프레젠테이션이 모레라 그랬나? 그날은 어떤 넥타이를 매는 게 좋을까? 배우들 의상 체크할 게 아니라 오빠 의상부터 체크해야 겠네. 참, 최종 리허설은 언제 해?"

아침 일찍 윤 선배가 보는 앞에서 한 차례 연습을 해 보긴 했다. 하지만 그걸 최종 리허설이라고 해야 하나?

"카메라 테스트는 해봤어?"

"야, 무슨 탤런트 오디션 보는 건 줄 알아? 카메라 테스트는 무슨. 선배랑 연습 한 번 했어."

농담으로 받는 이강호 앞에 민아는 정색을 하며 다시 말했다.

"우리 회사에서는 프레젠테이션 전에 카메라로 녹화해서 연습해. 이거 뒤쳐져도 너무 쳐지네. 안되겠다. 지금이라도 연습하자."

조금 전까지 TV 앞에서 낄낄대던 모습은 온데 간 데 없고 민아는 이강호보다 더 단호한 모습이었다.

"오빠, 내 졸업식 때 샀던 캠코더 있지? 그것 좀 꺼내 봐."

민아는 정말 이강호를 기어코 카메라 앞에 세울 태도였다. 이강호는 머쓱해졌다.

"야, 됐어. 뭐 그럴 것까지 있냐? 그냥 장동건이나 계속 봐라."

"무슨 소리야? 자기가 발표하는 모습이 어떤지 궁금하지 않아? 직접 자기 눈으로 그걸 봐야 객관적으로 고칠 건 고칠 수 있는 거야. 그 회사 이상하네. 우린 신입 때부터 얼마나 철저하게 연습시키는데."

이 말에는 이강호도 조금 자존심이 상했다. 대기업 계열 의류회사라고 대기업 행세를 하자는 건가?

그러나 민아의 말을 듣고 있자니 솔직히 이강호도 궁금해지긴 한다. 자신의 모습을 스스로의 눈으로 본 적은 없었기 때문이다. 놀면서 찍은 동영상 화면만 봐도 생각했던 것과 영 다른 얼굴로 비쳐질 때가 많은데, 남 앞에서 발표하는 모습은 과연 어떨지, 궁금하기도 했다.

그리고 보니 민아 졸업식에 맞춰 캠코더를 사 놓았던 것이 이럴 때 요긴하게 쓰이게 되는 구나 싶었다. 마지못해 따르는 양 투덜거리면서도 이강호는 카메라를 설치하고 양복까지 차려 입었다. 역시 민아의 강요 덕분이었다. 넥타이 매듭까지 꼼꼼하게 매만져 주고 나서 민아는 카메라 앞에 섰다.

"오빠, 지금부터 녹화 들어가니까 잘 해봐!"

쑥스러워 하던 이강호는 민아의 질책에 웃음기를 지우고 진짜와 다름없는 예행 연습을 시작했다. 연습이라서 그랬겠지만 여자 친구 앞에서 약간 멋적은 것 말고는 떨림 같은 건 없었다. 그동안 공들여 준비해서인지 내용이 머릿속에 분명히 들어와 있었기 때문에 그런대로 잘 된 것 같았다.

그러나 녹화 테이프를 보는 순간, 조금 전까지 당당했던 이강호는 절망했다.

얼굴이 화끈거렸다.

'아니, 내가 고작 저 정도란 말인가!'

플레이 된 테이프를 들여다 보면서 이강호는 프레젠테이션 내용 같은 것은 귀에 들어 오지도 않았다. 뭐가 그렇게 불안한 지 끊임없이 왔다갔다 이쪽저쪽으로 흔들리는 눈동자 때문에 산만해 보였다.

"야, 내 시선이 정말 저래? 그리고 말은 왜 저렇게 빨라?"

"오빠 원래 말이 빠르잖아. 그런데 긴장하니까 더 빨라지지, 혼자 이야기하니까 속도 조절이 안 돼서 더 빨라지는 거지. 보는 그대로지 뭘!"

"야, 그럼 말을 해 주지."

"자기 눈으로 직접 봐야 고칠 수가 있다니까. 아픈 현실을 봐야 하는 거야. 그리고 프레젠테이션의 기본! 한 사람한테만 시선을 줄 게 아니라 골고루 시선을 줘야 하는데, 눈으로 설득하듯 쳐다봐야 한다는 거야. 흘깃흘깃 보는 건 의미 없어. 저렇게 산만하게만 보일 뿐이야. 내가 얼마나 깨지면서 배운 건데, 맨입으로 가르쳐 주네!"

민아의 말이 야속하다 느낀 것도 잠시, 이강호는 또 다시 망연자실했다.

"아니, 코는 또 왜 저렇게 만지는 거야? 언제 저런 버릇 있었지?"

"글쎄. 그건 나도 잘 못 느꼈는데. 나야 콩 껍질이 씌였으니까."

이번에는 애교 섞어 위로해 주는 민아의 말도 들리지 않았다.

분명히 담담하게 진행했다고 생각했는데, 화면 속 이강호는 불안하게 시선을 굴렸고 코와 머리를 번갈아 쓰다듬으며 불안을 달래는 것 같았다. 생각이 잠깐 안 날 때는 머리까지 긁적였다. 그것도 몇 번씩이나. 이건 아니다 싶었다.

프로페셔널의 모습이 아니었다. 스스로 생각했던 반듯하고 당당한 프로페셔널은 화면 속에 없었다. 스스로의 기대치가 너무 높았나 보다.

절망하고 있는 이강호를 민아가 살짝 껴안아 준다.

"오빠! 저렇게 섹시한 프레젠테이션은 처음이야. 내가 상사라면 군침 꿀꺽 삼킬 것 같은데! 그리고 저렇게 일목요연하게 만들어진 파워 포인트도 처음 봤어. 진심이야. 그래도 시선은 좀 고쳐야 겠다."

평소에는 자신이 보호자 같았는데 이 순간은 민아의 품이 더 든든했다. 여자는 참 신비한 존재다. 민아의 말 한마디에 다시 용기를 내서 이강호는 연습을 거듭했다. 언젠가 자신의 음성 메시지를 들었던 기억을 떠올렸다. 매일 같이 귀에 들리던 자신의 목소리와 테이프에 녹음 돼 들리는 목소리는 분명 달랐다.

그러나 옆에서 듣던 친구는 그게 바로 내 목소리라고 말해

주지 않던가!

내가 파악하고 있는 내 모습과 남들 눈에 비치는 내 모습 사이에는 상당한 차이가 있을 수 있다는 것을 깨달았다. 프레젠테이션 연습을 한 게 얼마나 다행인지 새삼 민아한테 고마움을 느꼈다.

나한테 단점이 있다한들, 보기 싫은 버릇이 있다한들 누가 그걸 대놓고 말해 주겠는가.

그저 좋은 게 좋은 것, 뒤에서나 수군대지 싫은 소리를 앞에서 해 줄 사람은 없다. 그건 이강호도 마찬가지였다. 누군가의 단점을 나서서 지적해 준 적은 거의 없었다.

오늘 큰 것 하나를 건진 느낌이다. 자기 자신을 객관적으로 보려는 노력이 없으면 오류를 범하기 쉽다는 교훈을 얻은 것이다.

다음날, 프레젠테이션은 성공적이었다.

글쎄, 이강호는 스스로 그렇게 생각했다. 상사들은 내용이 좋았다고 박수를 쳐 줬고, 김 이사는 외부 발표도 시켜야 겠다며 추켜 세워 주기까지 했다.

그러나 그런 반응보다 더 뿌듯했던 것은 스스로를 알게 됐다는 점이다.

이제 거품을 걷어내고 자신을 평가해 나갈 수 있을 것 같았기 때문이다.

Mentor Message

스스로를 냉정하게 평가하라

평가는 상당히 중요한 항목이다. 관리자가 됐을 때 요구되는 필수 덕목 중의 하나로 '제대로 된 평가를 하는가?' 이다. 수행된 일이나 직원들에 대한 평가는 조직에서 빼놓을 수 없는 부분이기 때문이다. 그러나 무엇보다 중요한 것은 스스로에 대한 평가다. 준비된 인재가 되기 위해서는 어떤 일을 하기 전에 중요도에 대한 기준을 마련해 놓고, 수행의 과정과 결과를 놓고 냉정하게 평가하는 노력을 해야 한다. 그것은 다음번에 일을 할 때 중요한 지침서가 된다.

일을 잘 못하는 사람일수록 핑계가 많은 법이다. 잘 안된 부분에 대한 이유를 남의 탓, 환경 탓으로 돌려 버리는 부류는 백발백중 '성공 그룹'에 끼지 못하고 도태된다.

결과가 불만스럽더라도 인정해야 한다. 그리고 분석해야 한다. 그것이 향후 자신의 태도와 업무에 적극 반영이 되어야 하는 것은 물론이다.

스스로 엄격하게 기준을 정해 놓고, 정한 기준에 얼마만큼 도달했는가를 수시로 평가하면서 진행하는 것은 목적에 충실한 인재의 기본이다. 누구나 스스로에 대해서는 관대해지는 법이다. 그러지 않기 위해서는 타인과 자신을 같은 선에 놓고 비교할 필요가 있다. 이때에도 자신에게 점수가 더 많이 가게 마련이므로, 일단 비교를 한 다음에는 자신에 대해 내려진 평가를 한 단계 낮추도록 한다. 객관적이고 냉정한 평가는 달콤한 결실을 위한 기본이다.

5
메모로 인생로또 당첨!

"인사팀이 아니라 잡무팀이라고 해라, 아! 정말 별걸 다 시키네."

이강호는 불만이 극에 달했다. 총무팀이 교육에 들어가는 동안 사내 우편물 정리가 이강호 몫이 되었던 것이다. 단 하루뿐이지만 이강호는 자존심이 무척 상했다.

신입 때야 무슨 일이든 시키는 대로 할 수밖에 없었지만, 아직까지 이런 일을 맡아 해야 한다는 건 영 불편했다. 인사팀의 유일한 후배인 현우빈은 오늘따라 휴가라 어쩔 수 없이 이강호 몫이 된 것이다.

월말이 다가와서인지 각종 고지서 우편물들도 많았다. 정기 구독을 하는지 묵직한 잡지나 신문도 꽤 많았다. 그것들을 분류하던 이강호는 손을 멈추고 말았다. 업무 관련 전문 잡지와 회사 소속 협회 신문을 구독하는 사람이 뜻밖에 너무 많았던 것이다. 대부분 간부급들이었다. 윗사람들은 일만 시키면서 돈을 받아가는 줄 알았더니 그건 아니었던 모양이다. 더 많은 정보력을 갖추기 위해 노력하고 있구나 싶으니 달리 보이기도 했다.

그런데 이강호를 긴장시킨 건 그들이 아니었다. 같은 1년 차 중에도 전문지를 구독하는 친구가 있었다. 그뿐이 아니라, 그저 윗사람 비위나 맞출 줄 아는 듯 보였던 영업팀 오달수조차 관련 잡지와 신문까지 구독하고 있는 게 아닌가. 윗사람들 눈에 띄고 싶어 괜히 구독 신청만 한 게 아닐까 싶은 의심도 잠깐 들었다. 하지만 그렇다한들 관심조차 갖지 않고 손 놓고 있던 이강호는 이미 경쟁에서 소외돼 있다는 생각이 들었던 것이다.

정신이 번쩍 들었다. 모두들 입으로는 투덜거리고 술마실 궁리만 하는 듯 말하지만, 뒤로는 이미 자신의 발판을 다져가고 있었던 것이다. 정기구독을 한다고 그 잡지를 다 정독하는 것은 아닐 것이다. 그러나 일단 그만큼 투자를 하고 있다는 것 자체가 그들의 칼날을 더 날카롭게 하고 있는 것 같아 두려워졌다.

이강호는 간혹 업무에 관련된 조사를 할 때나 밀린 잡지들을 뒤적이며 자료를 찾아 봤지, 평소에 업계 동향이나 정보 파악은 생각도 하지 않았었다. 그런데 경쟁 선에 같이 서 있는 동료들 모습을 보니, 마치 물 위로는 아무것도 하는 일 없어 보이면서 물 밑으로는 열심히 발을 굴리고 있는 백조처럼 느껴졌다. 그에 반해, 허드레한 잡무나 하면서 혼자 일은 다 하는 것처럼 오만을 떨며 실제로는 아무 준비도 안 돼 있는 자신이 실망스러웠다.

요즘은 자기 전공을 무시하고 취직하는 경우가 많다. 그러다 보니 업무와 관계된 전문적 지식은 아예 제로에서부터 시작해야 한다. 아니 같은 분야의 전공을 했다 치더라도 학교에서 배운 지식과 회사 내에서 업무에 적용해야 할 지식 사이에는 엄청난 괴리가 있다.

이강호는 신입으로 지냈던 지난 1년 동안 뼈저리게 느껴왔다. 대학 시절 배웠던 경영학 이론이나 마케팅, 인사관리 이론들은 무용지물이나 다름없었다. 오히려 방해가 됐다. 업무를 가르쳐 주는 선배 앞에서 아는 척 좀 하려고 했다가, "그건 책에나 나오는 얘기지. 실무는 다르다. 이론은 빨리 잊어 버려라." 하는 비아냥만 들었다. 결국 업무 관련 지식이라는 것은 선배, 전임자들이 만들었던 기획서나 자료들을 보며 배워가야 했다. 상사한테 깨져가며 혼자 터득해야 했다. 그렇게 1년을 보내다 보니, 정보 취득의 노하우도 조금씩 생겨 나긴 했다.

인터넷을 뒤지다가도 아무래도 업무와 관련된 키워드에는 눈이 가게 마련이었고, 즐겨찾기에 등록해 둔 전문 사이트도 상당수 된다. 그렇지만 전문 잡지와 신문을 구독하는 데까지는 미처 관심이 미치지 못했던 이강호로서는 뒤통수를 한 대 세게 얻어 맞은 기분이었다.

회사 관련 분야에 대한 정보는 입사 이후 배운 것들이 대부

분이다. 회사 관련 분야 전반에 대한 공부도 하고, 업무에 관련된 법규도 알고, 이것이 사회적으로 미치는 영향에 대해서도 연구하고, 고객과의 관계까지도 생각해 가며 지식을 습득해 왔다. 이런 부분들이 사실은 잡지나 신문의 전문 기고난이나 전문 서적들에 나와 있다.

이 달의 봉급 속에는 지금 내가 하고 있는 일에 관계된 서적이나, 하고자 하는 일에 관계된 간행물에 대한 투자 비용까지 들어 있는 것인지도 모른다.

그걸 왜 이제야 생각하게 됐을까. 한 발 늦었다는 생각에 이강호는 괜히 심술이 났다.

자기 일을 더 잘 하기 위한 기본적인 노력은 어쩌면 쉽게 접하는 신문 속에, 책 속에, 혹은 간행물 속에 있을지 모르겠다.

이것은 바다에 떠 있는 고기와 같다. 따로 주인이 있는 것이 아니다. 원하는 사람이 부지런히 잡아들이면 그 사람이 주인인 것이다. 다시 말해 노력만 하면 되는 것이다.

자리에 돌아오자마자 이강호는 인터넷으로 전문지 사이트부터 찾았다. 당장 정기구독을 신청하기로 한 것이다. 생각지 않은 비용이 제법 나가게 생겼다. 그러나 그게 대수인가. 더 이상 늦으면 안 될 것 같다는 위기 의식이 생겼다. 이왕 시작한 김에 전문 서적까지 뒤져보기로 했다. 요즘 들어 새로 맡게 된 업무와 관련해서 새로운 지식이 필요하던 참이었다. 사이트를 뒤지다보니 성공을 위해 발 빠르게 노력하는 사람들이 많다는 새로운 사실도 알게 되었다. 그들은 외국 인터넷 사이트까지 뒤지면서 새로운 정보를 취득하는 친구들도 있다고 한다.

사실 이강호도 신문은 열심히 읽었다. 그동안이야 월급이 들어오는 족족 카드 값으로 나가는 바람에 재테크라는 것에는 생각도 못했지만, 요즘 들어 재테크 계획도 세웠다. 그러다 보니 경제면 기사에 눈여겨 보게 됐다. 또 업무와 관련된 기사도 눈여겨 봤다. 아무래도 고객사나 경쟁사에 대한 기사가 수시로 다루어지는 경제 신문에도 관심을 가졌다.

그러나 인터넷으로 뒤져볼 뿐이었고, 그나마 업무 시간에는 농땡이로 보일까봐 오랜 시간 탐독하지는 못했던 것이 사실이다. 정보 스크랩을 체계적으로 해야 겠다는 각오를 다졌다.

그날 오후, 마침 사장님의 강의가 있었다. 종종 직원들을 놓고 강의를 하는 사장님이 오늘따라 이강호에게 살이 되고 피가 되는 말씀을 하셨다. 늘 시계만 들여다 보며 끝날 시간만 기다리던 이강호는 오늘은 눈을 빛내며 경청했다.

"사장이 되면 좋을 것 같죠? 맞아요. 좋습니다. 일단 잔소리하는 사람이 없습니다. 야근하라 서류 제출하라, 닦달하는 사람도 없습니다. 그런데 말이죠, 바로 그 점이 또 나쁜 점이더라구요. 월급 받고 일할 때는 내가 가만 있고 싶어도 가만 있을 수가 없어요. 각종 요구가 있으니까요. 좀 피곤하긴 하지만 대신에 그 흐름에 몸만 맡겨도 일은 진행됩니다. 그런데 내가 사장이 되고 나니까 절간에 온 것 같아요. 어느 누구도 나한테 뭐라고 안 하니까. 대신 나를 가르쳐 주는 사람도 없고, 나한테 동기를 부여하고 경각심을 주는 사람도 없어요. 시간이 지나면서 이거 안 되겠다 싶더라구. 어디선가 배워야 되겠다, 뭔가 경각심을 가지고 매일 내 자신을 업그레이드시켜 나가야 한다는 자각이 온 것이죠. '중소기업은 사장의 역량만큼 큰다는데, 내가 이렇게 머물러 있어서야 되겠는가?' 하는 의문이 생겼습니다. 그래서 내 역량을 키우기 위해서 시작한 것이 바로 메모입니다.

먼저 내가 직장생활을 해 온 이십 년을 정리해 보기로 했습니다. '이십 년 동안 그래도 최선을 다해 살아 왔는데 그때 살아 왔던 방법에서 내가 살아갈 지혜가 있지 않겠는가' 하는 생각에서 과거의 사례를 메모했어요. 그 내용이 책으로도 나왔는데 책을 내기 위해 만든 것이 아니라 다시 지혜를 얻으려고 시작했던 것이었습니다. 왜냐면 내 경험에서 지혜를 찾는 것이 남의 경험보다 훨씬 궁합이 잘 맞지 않겠어요?

그런데 그것만으로는 부족했습니다. 그러면 앞으로 살아갈 것에 대해서는 어떻게 대비할 것인가에 대한 과제도 남아 있었습니다. 새로운 지식과 정보에 대한 부분이죠. 그 부분에 대해서는 신문을 보기로 했습니다. 신문이라는 것은 비교적 항상 새롭고, 경각심도 주고 내가 하는 일의 분야나 CEO로서 살아가는 데 필요한 내용들이 많이 담겨 있습니다. 내가 사장다운 사장이 되고, 우리 회사가 어떻게 가야 될 것인가를 신문을 통해서 한 번 생각해 보자, 하는 마음에서 신문을 열부씩 봤어요. 내가 경제를 참 싫어했던 사람인데, 사장이 되니까 제일 중요한 게 경제 신문이더라구. 그래서 경제신문도 열심히 봤죠.

그런데 신문이야 그 전에도 보기는 했었죠. 그러나 이때부터는 좀 새로운 방법으로 보기 시작했습니다. 물론 분량도 많아졌지만요. 메모를 하기 시작한 겁니다."

사장님은 잠시 말을 끊고 직원들에게 신문을 한 장씩 나눠 주었다. 경제 신문이었다.

"자, 지금부터 신문 보는 방법을 하나 제안하겠습니다. 내 경험에서 얻은 귀중한 재산을 여러분에게 전하는 겁니다. 내가 기업을 운영한 지난 8년을 가만 생각해 보면, 오늘의 내 모습을 만드는 데 가장 큰 기여를 한 것이 신문 메모였다고 자신 있게 말할 수 있습니다. 여기서 중요한 것은 메모입니다. 보통 스크랩을 많이 하는데, 스크랩과 메모는 전혀 다릅니다. 스크랩은 특별한 통계 자료나 증빙 자료를 위해서만 필요할 뿐 전혀 쓸모없는 것입니다. 스크랩은 오늘 일을 내일로 미루는 대표적인 사례예요. 스크랩한 내용들 열심히 보지 않게 되지요?

반면 메모는 지금 바로 소화한다는 의미입니다. 적어도 나는 그랬습니다. 우선 내가 기억하고 싶은 기사 몇 개를 골라서 읽고, 읽으면서 소화한다는 생각으로 메모를 하고, 내 머릿속에 소화를 했습니다. 눈으로만 읽는 것과 그것을 요점 정리해서 메모해 둔 것의 차이는 엄청납니다. 그것을 매일 했습니다. 8년간. 그랬더니 나도 달라지고 회사도 달라졌습니다. 여러분도 바로 오늘부터 시작해 보세요.”

8년이라는 말에 이강호는 주눅이 들었다. 운동을 시작해도, 영어 공부를 시작해도 몇 달을 넘기지 못하고 포기했던 자신이 부끄러웠다. 8년을 매일? 그래, 사장은 아무나 되는 게 아니다!

“우선은 신문 전체를 죽 훑어나가며 전반적인 흐름을 봅니다. 그 다음에 관심 분야의 기사, 또는 기억하고 싶은 기사를 고릅니다. 여러분은 아직 메모가 습관화 되어 있지 않기 때문에 요점 정리하는 것도 쉽지 않을 거예요. 그래서 지금 그 요령을 알려 드리려는 겁니다. 두 번째로 관심 있는 기사를 읽어나가면서 그 기사를 대표할 수 있는 핵심적인 단어나 표현에 밑줄을 치세요. 많을 필요 없습니다. 이 기사를 대변할 수 있는 핵심 단어를 세 개씩만 골라도 충분합니다. 그리고 세 번째로 그 밑줄 친 말들을 이어 정리를 하는 겁니다. 그러면 기사의 핵심이 그대로 담기겠죠? 하지만 이것으로 끝이 아닙니다. 이것은 절반일 뿐입니다. 가장 중요한 것은 이제부터인데요, 정리한 내용 아래 자신의 의견을 쓰는 것입니다. 그 기사에 담긴 내용이 자신에게 미칠 영향, 또는 사회에 미칠 영향이 무엇일까를 생각해서 적는 정도면 됩니다. 사회 현상과 자신과의 관계를 생각해 볼 수 있는 계기가 될 것입니다. 자, 지금부터 한번 직접해 봅시다."

그날 저녁 이강호는 잠자리에 일찍 들지 못했다. 경제 잡지를 뒤적이다 이강호는 오늘 얻었던 아이디어를 더욱 확고하게 해 주는 기사들을 보게 되었다.

성공의 길은 '메모' 속에 있다는 것이다. 삼성그룹의 창업주인 고 이병철 회장만 해도 지독한 메모광이었고, 이건희 회장도 "기록이 실수를 바로 잡을 수 있다"며 경영진에게 모든 것을 꼼꼼히 적어 두도록 지시한다고 한다.

성공한 사람들을 분석해 보면 대체로 독서량이 많고, 모두 메모에 능숙하다는 두 가지 공통점이 있다고 한다.

남들이 일찌감치 이루어 놓은 길을 따라가다 보면, 내가 이루고 싶은 것의 지름길도 빨리 만날 수 있을 것이다. 그래서 이강호는 바로 그들을 뒤쫓아 보기로 했다.

게임 이외에는 여간해서 이용하지 않던 방 안의 컴퓨터를 켜고 경제 신문을 들여다 보며 메모를 시작해 봤다.

이제 첫날이다. 남은 8년의 첫날이다. 아니, 8년 이상 가는 습관으로 만들겠다 마음 먹었다. 아마, 그렇게 될 것이다.

Mentor Message

꾸준해야 특별해진다

신문을 읽고 메모를 하는 것은 누구나 할 수 있는 평범한 일이다. 그러나 그 일을 하루도 빠짐없이 8년간 꾸준히 하는 것은 아무나 할 수 없다. 대부분의 사람들은 성공한 사람에겐 뭔가 특별한 재주를 가지고 있다고 생각한다. 그러나 나는 그렇게 생각하지 않는다. 물론 지능이나 재능이 특출한 사람들이 있지만 극히 일부일 뿐이다. 보통 사람이 특별하게 살아가거나, 특별한 일을 할 수 있는 방법은 지속성에 있다. 큰 것, 특별한 것이 아니라 작은 것이라도 지속하게 할 때 특별한 결과를 얻을 수 있다. 성과를 낼 때까지 행동의 지속성이 있어야지, 한다는 것 자체만으로는 아무 소용 없다. 이것을 다른 말로 하면 습관이다.

당신이 평범한 사람이라고 생각하는가? 그런데 특별해지고 싶은가? 그렇다면 절대 큰 것을 많이 하려고 욕심내지 말라. 작은 일을 꾸준히 지속하라. 그럼 어느날 당신의 인생은 엄청나게 달라져 있을 것이다. 신문을 보면서 메모하는 습관도 그 첫걸음이 될 것이다.

쉽지 않다. 그러나 힘들어도 해야 된다. 왜? 해내는 사람과 못하는 사람의 차이가 승자와 패자의 차이이기 때문이다. 작은 습관의 변화가 인생을 바꾼다고 하지 않던가.

6
훈련으로 안되는 게 어딨어!

이강호는 며칠 전 출근길에서 읽었던 경제 신문에서 '호기심'에 대한 칼럼을 봤다. 자기계발이나 자기혁신 역시 호기심 없이 이루어질 수 없다고 한다. 갑자기 눈이 번쩍 뜨이는 기분이었다. 정해진 궤도에 따라 움직이고, 반복하는 일상에서 주변 사물에 대해서도 무심해질 때, 즉 호기심이 사라질 때 창의력 또한 멀어진다는 것이다. 최근 창의력 빈곤에 대해서 고민하고 있던 때라 그 구절이 확 다가왔다.

그리고 호기심을 잃지 않기 위해서는 언제 어디서든 '왜'

라는 질문을 던지라고 한다. 세상의 고정관념을 당연한 것으로 받아들이지 말고, 질문을 던지다 보면 좀 더 나은 방법을 찾게 된다는 것이다. 일상적으로 대하지 않는 새로운 잡지를 많이 읽으라는 조언도 있었다. 늘 대하는 정보들 이외에 새로운 것에 자신을 노출시켜야 한다는 것이다. 그러기 위해서 책을 읽고 또 읽어야 한다는 것 역시 노하우의 하나였다. 그럴려면 정기적으로 서점을 찾아서 기웃거리며 호기심을 충족시켜야 한다는 것이다.

주말 데이트를 서점에서 하자고 제안한 것도 그 칼럼의 영향이었다. 자기 분야에 대한 잡지까지 새로 구독하고 전문서를 읽기로 했지만, 그외에도 세상의 흐름에 몸을 맡겨 새로움을 접하는 것이 창의력을 위한 첫걸음일 것 같았기 때문이다.

여자 친구와 서점에서 만난 것이 얼마 만인지 모르겠다. 아마도 대학 졸업 후 처음이 아닌가 싶다. 서점에 들어선 후 아무래도 창의력 관련 책 쪽으로 발길이 옮겨졌다.

상사들은 점점 새로운 아이디어를 원했다. 물론 이강호는 특유의 젊음으로 넘치는 아이디어를 전했지만, 통과되는 확률

은 적었다. 자신이 생각해도 그저 주변에서 얻을 수 있는 가벼운 발상일 뿐, 새로운 아이디어는 아니라는 것을 안다. 누가 봐도 참신하다고 생각될 만큼 발상의 전환을 가져오고 업무에도 적용될 수 있는 아이디어 수준은 아닌 것 같았다. 좀 더 창의력이 요구되었다. 그래서 책에서 길을 찾아 보려고 했던 것이다.

창의력의 빈곤이 요즘 이강호를 괴롭히고 있었다.

남다른 발상으로 남다른 아이디어를 제안하고 싶었지만, 그것은 노력만으로 해결되는 것 같지도 않았다. 언제나 한 발 뒤늦은 발상이 그를 괴롭히고 있었다.

어떤 경영서에는 '차별화'라는 단어가 눈에 띄었다. 모든 기업들이 치열한 경쟁 시대에 살아남을 수 있는 경영 전략을 찾아 헤매고 있는데, 마케팅 전략 전문가 잭 트로트는 "Differentiate or Die(차별화하지 못한다면 차라리 죽어라)"라는 제목의 칼럼에서 차별화 하지 못하면 소비자에게 선택되지 못하며, 결국 미래도 없을 것이라고 강조했다.

그러면서 몇 가지 제안을 했는데 이강호는 그 중에서도

'남다른 생각을 하라'는 부분에 눈길이 머물렀다. 남다른 생각을 위해서는 발상의 전환이 필요하다는 말도 덧붙여져 있었다. 이 제안은 새로울 것도 없는 것이지만, 최근의 이강호를 지배하고 있는 화두였기 때문에 오랫동안 눈길을 사로잡았던 것이다.

발상의 전환은 곧 타성이나 관성으로부터 벗어난 창의력을 말한다.

읽던 책을 놓고 다른 책을 한 권 집어들 때였다. 건너편 외국어 서적 파트에 아는 얼굴 하나가 보였다. 김 이사였다. 옆에 서 있는 중학생쯤 되는 여자 아이도 있었다. 딸과 고개를 맞대고 책을 보고 있는 김 이사의 모습은 회사 안에서 보던 칼날 같은 모습과는 사뭇 달랐다.

차갑고 날카로워 보이던 이미지 위로 따뜻한 아버지의 모습이 겹쳐졌다. 이 모습 역시 잘 어울렸다. 오히려 더 매력 있게 느껴졌다.

이강호가 성큼성큼 다가가자 김 이사는 뜻밖의 출현에 놀라워했다.

"이강호 씨, 여기서 다 만나네. 자주 오나? 아, 여자 친구가 오자 그랬군."

"아닙니다. 저도 책 좀 읽습니다."

"뭐야, 창의력…이런 것도 책에서 배우나?"

미처 들고 있던 책을 놓지 않고 갔던 것이다. 김 이사는 이 강호 손에 있는 책을 보더니 놓치지 않고 한 마디 했다.

"딸리니까 배워야죠. 이사님, 추천 도서 있으면 목록 좀 알려 주십시오. 혼자만 아시지 말고 전수해 주십시오."

"이거 봐! 창의력을 책에서 배우겠다는 발상부터 구태의연한 거지. 처세서 코너에서만 돌지 말고 두루 돌아. 일단 베스트셀러 코너부터 보라구. 요즘 사람들이 어떤 책을 좋아하고 어떤 것에 열광하나, 그런 거나 알아 보도록 해. 신간 소설도 좀 읽고 재밌게 살아야지.

그리고 창의력에 관심 있으면 내일 사무실로 와. 책보다 더 비싼 팁을 줄 테니까! 그건 그렇고 여자 친구 미인인데!"

다음날인 월요일 아침 회의가 끝난 뒤 김 이사가 먼저 이강호를 불렀다.

"지금 시간 되면 잠깐 오지?"

김 이사는 손수 커피 메이커에서 커피를 내리며 이강호에게 말했다.

"커피 좋아하나?"

"네, 너무 마셔서 탈입니다."

"너무 마셔서 탈이라? 그럼 커피가 나쁜 점 다섯 가지만 대봐."

"네?"

"탈이라며? 뭐가 나쁜 지 대보라구. 그냥 생각나는 대로 말이야."

"많이 마시면 위에도 안 좋을 테고, 화장실도 너무 자주 가니 불편하고, 건강에 특별히 좋을 리도 없고, 돈 드니까 나쁘고…뭐 그 정도쯤 될까요?"

"그럼 어떤 커피가 있으면 좋을까? 그런 모든 나쁜 점을 커버하기 위해서 새로 개발한다고 생각하면 말이야?"

이 즈음에서 이강호는 눈을 반짝였다.

이것이다.

김 이사는 창의력이라는 것에 대해 벌써 조언을 시작하고 있었던 것이다. 이강호는 좀 전까지 들었던 의아함을 밀어내고 진지하게 대답을 했다.

"마셔도 위에 부담 없고, 나아가 배까지 든든해지면 좋겠고, 알코올향이 적당히 들어가 있는 종류가 있어도 좋겠고, 이뇨 작용이 심하지 않아 화장실 들락거리지 않게 하는 종류의 커피."

"별로 재미는 없네. 그런 커피 관심 안 생기는데."

열심히 말한 사람 머쓱하게 만드는 것은 김 이사의 습관인 모양이다. 그러나 김 이사는 무안만 주는 게 아니라 메시지도 함께 주지 않던가.

"창의적 사고도 훈련이야. 지금처럼 문제점을 나열해 보거나 반대로 희망 사항을 열거해 봐. 더 나아가 그 특성을 찾아서 다시 한 번 생각해 보는 것이 훈련의 시작이야.

앞에서 커피의 문제점에 대해 이야기했는데, 이번에는 저기 있는 커피 메이커의 특성을 열거해 볼까. 구성 요소로 살펴보면 가열부, 손잡이, 컵, 거름망 등 있겠지. 화학적 요소로 살펴보면 플라스틱, 알루미늄, 유리, 고무 등이 있을 거야. 또 형태상의 특징을 보면 보는 각도 따라서 혹은 각 부속을 나누어 보면 둥근 모양, 마름모 형, 가늘고 간 모양, 곡선 있는 사각형 등 다양하지. 여기에 사용상의 특징까지 생각한다면 어떻겠나?

매일 한 가지씩 이런 식으로 분석을 해 봐. 주변 모든 사물에 대해서. 그러면 일을 대할 때도 객관적으로 문제를 파악하게 될 테고, 창의적인 아이디어로 거기에서 나오게 될 거야."

이강호는 급한 마음에 메모지에 휘갈기듯 메모만 해서 방을 나왔다.

문제점 열거법, 희망점 열거법, 특성 열거법.

김 이사는 그렇게 다시 정리해 주면서 자신은 택시를 타도 그 안에서 문제점을 떠올려 보며 시간을 보낸다고 했다.

무엇이든 꾸준한 노력이 필요할 것이라는 생각에 이강호는 작심을 하고 훈련을 시작해 봤다. 작은 노트에 시간이 날 때

마다 주변 사물에 대해 분석해 보았던 것이다. 아이디어 발상법은 확실히 도움이 되었다. 뭐 단시간에 이런 결과를 장담하는 것은 우습지만, 어쨌든 머리가 좀 더 말랑말랑해진 것만은 확실한 것 같았다.

우선 매일 접하는 인사팀의 업무에 대해서도 이강호는 새로운 시각을 갖게 되었다. 인사팀의 일이라고 해 봐야 다달이 급여 잘 나가고 있고, 직원들 신상에 변동이 없고, 그렇다면 특별한 일도 없는 것이다.

하지만 좀 더 파고들면 직원 관리 전체가 맡겨진 업무이기 때문에 더 포괄적인 아이디어를 요구받기도 한다. 어떻게 하면 직원들에게 더 도움이 될 수 있을까를 연구해야 하는 것도 인사팀의 일이기 때문이다.

직원의 역량을 키워주기 위해서 프레젠테이션 경진 대회를 개최하고, 분기마다 워크샵을 개최해 업무에 자극을 주고, 사내 칭찬하기 운동을 벌여 분위기를 북돋우자는 아이디어는 최근 이강호가 제출한 아이디어였다. 물론 칭찬도 받았고 포상까지 받았다.

김 이사의 조언은 이번에도 효과가 있었다. 아마도 그건 김 이사의 능력이 아니라 이강호의 능력일지 모른다. 받아들일 준비가 충분히 돼 있을 때, 조언도 빛을 발하는 법 아니던가?

Mentor Message

작은 변화가 발전을 만든다

새 술은 무조건 새 부대에 넣어야 한다는 것은 어리석은 사람의 방법이다. 경험이 없는 사람일수록 모든 걸 새롭게 하려고 한다. 그러나 경험이 많은 사람들은 검증된 것에 새로운 것을 조금씩 넣어서 창조를 한다.

세상이 변했다는 것은 삶의 방식이 변했다는 것이다. 사람의 기본 사고나 습관은 단절이 아니라 순차적 변화에 익숙해 있다. 디지털이 추구하는 것은 아날로그의 효율성을 높여 주는 것일 뿐, 디지털의 시대라고 해서 아날로그 자체를 문제로 삼아 버리면 안 된다.

어제와 오늘이 단절된 것이 아니라 어제까지의 결과가 오늘의 토양이 된다. 어제를 무시한 오늘은 존재하지 않고, 오늘을 무시하면 내일이 없다. 그것은 우리가 새로운 일을 할 때, 전임자가 한 건 다 잘못됐다고 모두 무시할 일이 아니라는 것이다. 전임자가 했던 것을 계승 발전시킬 것은 무엇이고, 거기에 플러스 알파를 넣어서 조금 더 발전시킬 수 있는 건 뭐가 있는가, 전임자나 그 전의 패턴에서부터 어떻게 더 발전시킬 것인가, 내가 어떻게 해서 촉매 역할을 할 것인가를 고민해야 한다.

3

어부가 알아 갈 바다

어부가 알아 갈 바다

푸르른 바다 냄새, 망망한 대양의 냄새, 가슴속까지 시원하게 흩어 주는 바다의 내음은 어부에게 살아 숨쉬고 있음을 느끼게 해 줍니다. 먼 바다에 나갈 준비를 하며 어구를 매만지는 동안, 얼마나 이 냄새가 그리웠는지 모릅니다.

고향의 냄새. 아주 어릴 적, 아버지를 따라 처음 배를 탔던 그 순간부터 바다는 어부의 삶이 되었습니다.

큰 배를 타고 먼 바다로 나가는 선원들을 먼발치에서 본 적이 있을 뿐, 작은 배를 모는 어부로서는 연안의 고기잡이에만 충실했을 뿐, 먼 바다로 나서지 못했습니다. 깜깜한 새벽에 나와 동이 틀 무렵 그물을 걷어 들어 가던 고기잡이가 그가 해 오던 일의 전부였습니다. 그러나 이제 어부는 혼자서 배를 끌고 먼 바다로 나왔습니다. 깜깜한 새벽에 나왔지만, 다음날 새벽까지 들어가지 못할 지도 모릅니다. 이곳은 그만큼 먼 바다이니까요.

어부는 하늘과 바다와 주위를 조심스럽게 둘러 봅니다. 태양의 각도, 구름의 빛깔, 수평선의 모양, 갈매기들의 움직임, 파도의 흐름…

그 모든 것을 눈여겨 봅니다. 아니, 귀를 열어 봅니다. 그 모든 것들이 고기떼가 어디에 있는지 조용히 말하고 있다는 것을 어부는 잘 알기 때문입니다. 하지만 아직은 그 소리가 조심스럽습니다. 과연, 자신이 들은 소리가 제대로 전달된 것인지 걱정되어 어부는 겁이 납니다. 그러나 오랫동안 준비해 온 시간들이 헛되지는 않았나 봅니다. 어부는 조금씩, 바다의 이야기를 들을 수 있었으니까요.

어부는 갈매기와 태양과 파도가 일러준 방향으로 배를 저어 갑니다. 저기, 고기떼가 멀지 않았습니다. 팔뚝에 툭툭 불거진 힘줄이 노를 저어 갈수록, 점점 더 많은 갈매기 떼가 어부를 반깁니다.

저기, 고기떼가 보입니다!

7
숲도 보고 나무도 보자

벌써 햇살이 뜨겁다. 커다란 유리창을 끼고 있는 이강호 자리에는 유난히 햇살이 깊이 들어온다. 일찌감치 찾아온 더위를 온몸으로 맞는 셈이다. 에어컨은 작동되고 있었지만 햇살에 몸을 맡기니 이건 완전히 선탠이 따로 없다. 견디다 못해 이강호는 커튼을 치고 만다. 한결 낫다. 따가운 초여름의 햇볕은 커튼으로라도 막을 수 있다. 하지만 쏟아지는 세상사의 우박은 무엇으로 막아야 할까.

하루라도 조용히 넘어가는 날이 없다. 아무리 돈 받고 하는 일이라지만, 적어도 마음의 평화는 유지되어야 하는 것 아닌가. 이강호는 조직이라는 정글이 갑자기 극도로 피곤하게 느껴졌다. 아이디어를 하나 내든, 업무 보고를 하든, 층층이 올라가며 각종 태클들이 너무 많다. 윗사람은 윗사람대로, 또 관련부서들은 부서들대로 불만투성이다.

어제는 순번대로 돌아가는 당직 계획표를 돌렸는데, 그것에 대해 무슨 불만들이 그리 많은지 이강호의 전화통은 온종일 불이 났다. 외근을 주로 하는 영업부서와 내근을 주로 하는 관리직 사이의 업무 협조에 대해서도 인사팀이 조정해야 한다. 하지만 그 또한 불만들만 쏟아 내니 결국 돌을 맞는 것은 담당자인 이강호였다.

모두의 사정을 다 봐 주다 보면, 담당자인 이강호의 사정은 누가 봐 준단 말인가.

화가 치밀었다. 이도 저도 다 싫어 퇴근 후 재빨리 사무실을 떠나려 하고 있을 때였다.

"선배님, 영화 안 보실래요?"

신입 사원 현우빈이 느닷없이 제안을 한다. 이 자식은 눈치

도 없나. 온 종일 열 받아 있던 선배의 모습은 까맣게 잊었는지 엉뚱하게 영화를 보자니.

"만사 잊어버리고 확 풀어버릴 수 있는 영화 하나 있는데, 같이 보실래요?"

그 말에 이강호는 그만 피식 웃고 말았다. 후배 눈에도 이강호가 위태로워 보였던가 보다. 만사 다 잊어 버리고 싶은 것이 이강호의 지금 가장 절실한 심정이었다.

"재미 없으면 죽어!"

이강호는 후배와 극장에 갔다. 남자와 극장에 온 것이 얼마만인가 싶었다. 여자 친구가 생긴 후로는 줄곧 데이트 하며 영화를 봤기에 남자와 영화 볼 일이 없었다. 영화는 '가문의 위기' 코미디다. 민아 같으면 결코 고르지 않았을 영화이다. 그렇지만 오늘은 그냥 웃고 싶어서 이강호는 현우빈이 표를 끊어 올 때까지 팝콘만 우적거리며 기다리고 있었다.

자리를 잡고 앉았을 때 현우빈이 뜻밖의 말을 꺼냈다.

"스토리는 선배님이 잘 봐뒀다 말씀해 주세요. 저는 감독 입장에서 봐야 되거든요."

"뭐?"

"저, 팝콘 부으시면 안 돼요. 실은 이거 저 과제로 보는 거거든요. 인터넷 영화 까페 회원들끼리 각자 관점을 따로 나누어서 분석하며 보고 와서 토론을 해요. 그런데 제가 어제 야근 때문에 못 갔잖아요."

"뭐야? 그럼 너도 나 이용해 먹는 거야? 이 자식이!"

"고정하세요. 그래도 절반은 진심이었어요. 선배님도 휴식이 필요하잖아요. 그리고 재밌는 영화 맞아요."

기가 막혔지만 이미 극장까지 들어온 몸, 이강호는 싸울 기력도 남아 있지 않았다.

그런데 한 가지 흥미가 생겼다.

"관점을 나눠서 본다는 게 무슨 소리야?"

"아, 그거요? 감독의 관점, 배우의 관점, 시나리오의 관점, 조명의 관점, 카메라의 관점, 음악의 관점…뭐 그렇게 나누어서 보는 거예요. 근데 신기해요. 그렇게 보다 보면 완전히 다른 영화를 보는 느낌이에요. 선배님도 하나 정해서 봐 보세요. 전혀 다른 느낌일 걸요."

조금 전까지의 무기력은 어느새 사라지고 이강호도 호기심이 생겼다. 여태까지 영화라는 것은 그저 즐기려고만 봤지, 분석하며 봤던 적은 한 번도 없었기 때문이다.

'어디, 오늘은 한 번 다르게 볼까?' 영화가 시작됐다. 끝없이 웃음이 터지는 전형적인 코미디였다. 문득 감독의 관점에서 지켜 봤더니 왜 하필 저 장면을 저렇게 찍을 수밖에 없었는지 이해가 됐다. 배우의 관점에서 보니깐 오버라고만 느껴지던 연기에 의미도 찾아 볼 수 있었다.

영화가 끝나고 나올 때, 이강호는 현우빈에게 전체 줄거리를 말해 줄 수가 없었다. 자신도 무슨 영화를 봤는지 알 수 없었기 때문이다. 그러나 또 다른 이야기는 해 줄 수 있을 것만 같았다. 관점에 따라 전혀 다른 이야기를 할 수 있다는 사실 말이다. 그렇다면 각기 다른 관점으로 세상을 바라보고, 요구를 해대는 사람들을 아우르기 위해서는 그들의 입장까지 이해해야 한다.

그렇다.

직장 내에서의 갈등이라는 것도 결국 그렇게 풀어야 하는 것이었다. 이강호는 현우빈의 어깨를 감싸 안았다.

"우빈이가 한 건 했네. 뭐 먹고 싶어? 내가 쏠게."

다음날 아침, 이강호는 일찌감치 출근해서 서류를 작성했다. 내근직과 외근직의 당직에 관한 협조문을 쓰기로 했던 것이다.

회사 밖으로 뛰어다니는 외근직은 자기들은 더운 날씨에 발바닥에 땀나게 뛰어다니며 편안하게 사무실에서 시간이나 때우는 관리직까지 먹여 살린다고 생각할 것이다. 반면 내근을 하는 관리직 직원들은 자신들은 윗 사람들 감시 아래 꼼짝못하고 답답하게 업무에 얽매여 있는데, 외근직은 밖에서 애인을 만나든 영화를 보든, 맘대로 시간 보내며 다닐 것이라며 부러워 했다.

그러다보니 그들을 찾는 전화를 대신 받아 주는 것조차 짜증스러워했고 당직 근무도 불편해 했던 것이다. 서로 협조가 힘들었던 이유도 거기에 있었다. 시각이 달랐던 것이다.

그들의 시각을 모두 아우른 것이 어쩌면 CEO의 시각이 아닐까?

그런 생각을 하자 이강호는 자신이 회사를 이끌어 가는 대표라도 된 양 으쓱한 기분이 됐다.

'그래, 크게 바라보자. 동서남북, 사방에서 바라보자. 그 안에서 문제의 해결점을 찾아보자. 이강호, 너는 크게 될 사람이잖아!'

언젠가 선배로부터 들었던 얘기가 생각났다. 선배는 전자제품 개발 부서에서 일하고 있었다. 신제품 개발 중에도 언제나 의견 충돌이 고민이었다. 연구자들의 시각과 판매를 담당하는 영업자의 시각, 그리고 그 모든 것을 총괄하는 관리자의 시각이 다 다르기 때문이었다. 개발자 입장에서는 기술적인 업그레이드를 먼저 생각하는데, 그것과 판매가 항상 일치하는 건 아니었다. 이를테면 복잡한 기능을 갖춘 제품보다는 새로운 기능 하나로 구미를 당기는 제품을 선호한다든지 하는 차이가 항상 존재하고 있었다. 거기에 투자 비용과 회수 비용을 감안해서 기획해 나가야 하는 기획팀의 입김까지 덧붙여지면 개발자는 피곤하다고 했다. 그러나 어차피 팔려고 만드는 제품인 만큼, 그 모든 의견을 아우르지 않을 수 없다는 말을 했다.

관점의 차이를 생각하자 갑자기 그 선배의 이야기가 떠올랐다. 조직 안에서도 다양한 입장의 차이가 존재한다. 부서에 따라, 맡은 일에 따라 이해 관계가 부딪칠 수밖에 없다. 그러나 그 가운데 최적안을 이끌어 내어 맞춰 가야 하는 것이 조직의 임무다.

숲을 보려면 숲 밖에서 보라고 한다. 숲 속에서는 숲을 제대로 보지 못하기 때문이다. 그것은 한 걸음 떨어져서 사물을 바라볼 때, 객관적인 시각을 가질 수 있다는 의미이다.

거기에서 더 나아가 숲 밖, 어느 지점에서 보느냐를 생각해 보자. 객관적인 시각이라고 하지만, 그 위치에 따라서 그 숲의 모습은 전혀 달라질 수 있다. 헬기를 타고 하늘에서 봤을 때의 모양과 북쪽에서 볼 때, 남쪽에서 볼 때, 모두 다를 것이다. 일반적으로 남쪽에서 볼 때는 숲은 생동감 있게 느껴진다고 한다. 햇빛을 향하는 식물의 특성상 남쪽을 향하게 마련이라, 나무들이 나를 향하고 있다고 느껴져서 생동감이 전달되는 것이다. 하지만 북쪽에서 볼 때는 나무들이 나를 등지고 있게 된다.

따라서 생동감도 떨어지게 느낄 수 있다. 숲 밖에서 숲을 보더라도 한 방향에서만 숲을 본 사람은, 숲의 전체에 대해 말하기 힘들 것이다.

전체를 조합할 수 있어야 한다. 그것이 입체적인 사고다.

관객의 입장에서 우리는 영화를 스토리만 본다. 물론 그 안에는 인상적인 영상과 대사, 음악, 연기 등이 아우러져 있다. 그러나 영화를 뜯어 보고, 역할을 나눠서 보면 무심코 영화 한 편을 볼 때는 결코 보이지 않던 것들이 보인다. 시각의 차이인 것이다.

아무래도 전체를 보는 사람은 리더다. 영화에서는 감독이 그 전체를 통합해 하나의 작품을 짜나간다. 오케스트라의 지휘자 역시 하나 하나 악기들의 음을 조합해 전체의 조화를 이끌어 간다. 한 조직을 끌고 가는 최고 지휘자인 CEO 역시 영화 감독이나 오케스트라의 지휘자의 시각으로 전체를 파악할 것이다. 영업부, 관리부, 개발부 등 어느 하나의 주장에만 귀를 기울이지 않을 것이다. 그 모든 것을 종합해 판단을 내릴 것이다.

이강호는 생각해 봤다. 자신은 CEO가 아니다. 아주 큰 기계의 나사못처럼 커다란 조직의 조직원일 뿐이다. 그러나 부속과 차이가 있다면, 결코 떨어져 나가지 않기 위해 실적을 내야 하고 결국 CEO의 눈에 들어야 한다. 그러기 위해서는 CEO의 시각 역시 갖춰야 한다는 것을 깨닫게 되었다. 자신의 위치에서는 최고의 결과를 냈지만, 그것이 조직 전체의 입장에 어긋나거나 큰 도움이 안 되는 불필요한 일일 수도 있다. 그렇다면 무의미해지는 것이다. 그런 일을 피하기 위해서는 더 큰 시각을 지닐 필요가 있다. 그것이 CEO의 시각이라고 해도 좋다.

생각 하나 바꿨을 뿐인데, 이강호 눈에는 많은 것이 달라 보였다. 이미 자신의 입장만 주장하던 어제와 달라져 있었다. 겨우 두 살 차이일 뿐이지만 현우빈은 이강호와는 또 다른 세대처럼 느껴졌다. 개인의 성향 차이일 수도 있겠지만, 틀에 얽매이지 않는 자유로움이 좋아 보였다. 회사에서의 입지에 신경 쓰느라 다른 일에는 관심조차 두지 못하고 살았던 자신과는 달리 취미 활동까지 하고 있다는 것 역시 신선했다. 곱상하게 생긴 외모와 달리 현우빈은 대학 시절 터프한 아르바이트도 많이 했던 모양이다. 그런 면에서 이강호와 통하기도 했다. 이강호 역시 방학 때마다 건설 현장을 누비며 흙 묻은 밥을 먹어 왔던 거친 인생이었다.

"인쇄 공장에서 일할 때였는데요, 거긴 거의 다 외국인 노동자들이었어요. 제가 일하던 조에는 한국 사람이 저 하나였어요. 거기서는 제가 완전 이방인인 거 있죠? 문밖에만 나가면 그 사람들이 이방인인데 말이죠."

문득 이강호도 옛날 기억이 떠올랐다. 등짐을 지고 공사판에서 일할 때, 자신은 그야말로 왕따였다. 대학생 아르바이트라는 게 알려진 후였다. 기술자나 그곳에서 잔뼈가 굵은 노동자가 이강호를 비웃었다. 먹물이 뭐 하러 이런 데 왔느냐는 시각이었다. 자존심이 상했다. 일반적인 세상의 잣대로 보자면더 많이 배운 자신이 더 평가받을 수 있는 자리가 많을 것이다. 그러나 그들의 세상에서는 이강호는 실력도 없는 풋내기에 쓸데없이 아는 것만 많은 먹물일 뿐이었다. 이것 역시 시각의 차이다. 기준을 어디에 두느냐에 따라 세상은 달라진다.

언젠가 읽었던 재테크 지침서에도 이런 말이 있었다.

'99%의 가난한 사람과 1%의 부자가 있다 하더라도 1%인 부자의 시각을 가져라. 당신도 부자가 되고 싶다면!'

이강호는 갑자기 조직 전체가 발 아래 있는 것 같았다. 월급날만 기다리는 일개 1년차 사원이 아니라 조직을 이끌고 가는 CEO의 기분이 되었다. 언젠가 그런 날이 올 수도 있고, 오지 않을 수도 있다. 그러나 분명한 것은 어제와는 달라진 위치에 있는 것이다. 남들의 눈에 비친 자리는 햇볕 쏟아지는 창가의 구석 자리 그대로, 달라진 것 없다. 하지만 이강호는 분명 다른 자리에 앉아 있을 것이다. 더 넓고 더 큰 세상을 바라보는 자리, 세상의 중심에 말이다.

Mentor Message

CEO의 시각에서 사고하라

일 잘하려면 사고하는 게 남과 달라야 한다. 남들과 차별되려면 남들이 보는 책을 봐서는 안 된다. 남들이 다 일본 자료를 보고 있다면 자신은 일본 자료를 보면 안 된다. 그건 그 사람한테 들으면 된다.

자신은 차라리 중국이나 미국의 자료를 통해 남들이 모르는 정보를 접해야 한다. 일반적으로 사람들은 어떤 일을 할 때 항상 자신의 관점에서 모든 것을 생각한다. 그러나 일 잘하는 사람은 상대방의 입장에서 바라본다.

예를 들어 사장이 지시를 했으면, 사장의 입장에서 기준을 정해야 한다. 직장 생활에서도 그 한 가지만 명심한다면 일 잘하는 사람으로 인정받는다는 것은 단지 시간 문제일 뿐이다. 최종 결재자의 입장에서 생각하고, 대책을 건의해야 인정받을 수 있다.

자신의 시각만을 주장하는 것은 조직 밖에서 해라. 조직 안에서 인정 받고 싶다면, 조직을 이끌어가는 CEO의 시각에서 사고하라.

그것이 성공의 관건이다.

8
간단 명료, 명확한 전달

회사 생활에서 이강호를 지치게 하는 것은 거듭되는 보고서 작성이다. 조직에서는 문서화가 필수이기 때문에 하루에도 몇 번씩 보고서를 작성해야 하는 날도 있다. 그런데 안타깝게도 밤을 새워 만든 보고서가 몇날 며칠 부장님 책상 위에 놓여만 있는 것을 발견할 때면 참 허탈해진다. 그 정도만 해도 양호한 편이다. 대충 눈으로만 훑고는 퇴짜를 놓는 상사는 또 얼마던가.

신입 때는 일단 계통을 밟아 보고서를 넘기기만 하면 됐다.

그러나 1년차가 된 후 가장 큰 변화는 직접 보고서를 들고 결재를 받으러 가는 일이 많아졌다는 것이다. 오늘은 김 이사에게 보고서를 올리는 날이다. 특별한 친근감을 느끼고 있어서인지 이강호는 조금 들뜬 기분이었다. 한편으로는 부담도 생겼다. 그래서 김 이사 눈에 들기 위해서 자료까지 두툼하게 첨부해서 공들여 보고서를 작성했다. 방문을 두드렸다. 그러나 보고서를 접한 김 이사의 표정은 일그러졌다.

"이강호 씨! 이거 나 보라고 만든 보고서야, 아니면 자네 일한 거 티내자고 만든 보고서야?"

칭찬이 날아올 줄 알았는데 차디찬 질책이 먼저 내려왔다.

"내가 자네랑 몇 번 시시덕거렸다고 한가한 사람으로 봤나? 나 아주 바쁜 사람이거든. 이렇게 두툼하게 만들면, 언제 다 읽으라는 말인가?"

"저, 뒤쪽은 참고 자료고…"

"그렇다고 쳐. 그럼 앞에는 일목요연하게 볼 수 있게 해야 될 거 아니야. 앞쪽에 붙은 보고서도 다섯 장인데. 맞지? 이게 요약본이란 말이야? 말하고 싶은 게 도대체 뭐야? 도무지 보

고 싶은 맛이 안 나네. 그동안 이렇게 일해 왔나?"

김 이사의 표정은 말투 못지 않게 얼음장 같았다. 이강호는 한마디도 대답할 수가 없었다.

"음… 좋아. 내 귀한 시간 또 뺏는구만. 일단 앉아 봐."

김 이사는 조금 누그러진 목소리로 말을 이어갔다.

"보고서라는 걸 왜 만드는 거야? 윗사람들이 한눈에 이해하고 파악하라고 만드는 거 아닌가? 그럼 볼 사람의 입장에서 만들어야지, 자네 편하자고 만들면 안 되지."

사실 보고서를 작성할 때 어려움이 많았다. 어떤 친구는 뭐든지 간단히 최소화하고 요점만 적는 스타일이라 보고서도 요점만 간단히 써냈지만, "이게 뭔가?"하는 핀잔만 받기도 했다. 윗사람이 뭔가 많은 설명을 필요로 할 때였는데, 그것을 맞추지 못한 것이었다. 반면 이강호는 쓸데없이 많은 내용 때문에 핀잔을 받기도 했다.

오늘 같은 질책이 처음은 아니었다. 그렇지만 빈약한 것보다는 뭔가 볼 거리가 있는 게 나을 것 같아 저지른 일이었다. 보고서라는 게 양식이 있는 것도 아니고 회사마다 업무마다 다를 수밖에 없다. 그러니 처음 입사해 배우는 것은 선배들이 해 왔던 보고서를 보고 날짜나 업무 내용 정도만 바꿔 주는 정도였다.

그러면서도 1년을 지나는 동안 눈치가 늘었다. 과장, 부장, 이사, 사장…네 단계를 올라가는데, 이 분들 스타일이 각각 다른 것이다. 과장은 오탈자부터 시작해서 줄 맞춰라, 크게 해라, 빼라 줄여라, 하는 데만 관심 있었다. 바로 위의 현업 상사니까 내용을 잘 알기 때문에 내용은 쓱 훑어보고 그런 것들만 캐내곤 한다. 반면 부장은 여러 가지 일을 맡다보니까 소소한 부분을 모르기 때문에 이건 이렇고 저건 저렇고 자세히 알려야 했다. 자료도 충분히 첨부해야 했다. 그런데 아직 이사님이나 사장님의 스타일은 알지 못했던 것이다. 그러다 이렇게 벼락을 맞고 말았다. 하지만 김 이사가 요구하는 것은 또 다른 것이었다.

"자네는 좀 다를 줄 알았는데 실망이야. 자네 20대 맞지? 소위 영상 세대라고 말하는 사람들 아니야? 자네 미니 홈피는 있어?"

"네."

"아니, 그런 것 꾸미고 사는 세대가 보고서는 왜 쌍팔년도 식이야? 이런 보고서는 나 신입 때부터 쓰던 스타일이야. 개혁, 개혁 외치면서 이건 좀 개혁하면 안 되나?"

그때서야 이강호는 김 이사의 메시지를 알 것 같았다. 새로운 스타일의 보고서를 요구하고 있는 것이었다. 그러나 과연 어떻게…

"한눈에 보이게 하라고. 길게 써봐야 눈에 들어오지도 않아. 그리고 읽기보다 볼 수 있게 만들어 봐. 도표를 이용해서 한눈에 들어오게 말이야. 그게 자네 같은 세대가 해야 할 일 아냐? 이런 구식 보고서 두 번 다시 보지 않도록 해."

김 이사의 따끔한 일침은 그렇게 끝났다. 이강호는 돌려 받은 보고서를 다시 내려다 봤다. 어젯밤 두 시간밖에 못자고 만든 보고서가 처량해 보였다. 그러나 김 이사의 말이 맞는 것 같았다. 한눈에 들어오지 않았다. 보는 보고서라…

산 너머 산.

프로가 되는 길은 아직 몇 굽이나 더 남았단 말인가. 이강호는 인터넷으로 '서식의 기술'이라는 책을 뒤지며 한숨을 뱉었다.

서점에 가면 기획서 작성에 관한 책은 많다. A4 한 장에 모든 것을 넣으라는 조언도 어느 책에선가 본 적이 있다. 그러나 항상 그런 기획서가 통하는 것은 아니었다. 그 한 장에 내용이 얼마만큼 효과적으로 표현되어 있는지가 문제였다. 제대로 전달되지 않는다면 한 장이든 열 장이든 잘못된 기획서이며 보고서일 뿐이다.

다시 보고서를 작성하며 이강호는 머리가 깨질 것 같았다. 어떻게 해야 윗사람들이 한눈에 인정할 수 있는 보고서가 될 것인가? 비유도 적절히 들어가고, 수치의 변화는 그래프화 시켜서 한눈에 알 수 있도록 해야 한다는 말은 알아 듣겠다. 적자가 난 부분은 빨간색으로, 흑자가 난 부분은 파란색으로 하는 식으로 색채까지 활용하는 것도 하나의 방법이다. 아무래도 서식의 기술이 필요한 이유는 내가 하고 싶은 것을 훨씬 쉽게 설득하기 위해서다. 그런 서식의 기술을 익히고 있으면 팀 내에서 다른 사람보다 훨씬 더 빨리 부각될 수 있을 것이다. 아무

리 열심히 일한다고 해도 그것이 전달되지 않으면 아무 소용 없는 것 아닌가.

커뮤니케이션을 하는 방법은 여러 가지가 있을 것이다. 마주 앉아 이야기하는 방법도 있지만, 회사라는 조직은 계통이 있다 보니까 보고서를 통해 이야기해야 할 경우가 많다. 내가 전달하고 싶은 내용을 간단명료하게 전달하는 것이 관건이다. 이강호는 그동안 그런대로 잘 하고 있었다고 생각했는데 그게 아니었나 보다.

서식을 잘 만드는 사람은 설명도 잘 한다는 말을 들었다. 핵심을 간단명료하게 설명하는 능력이나, 서식을 잘 만드는 기본은 똑같다. 자기가 정확히 알고 있으니까 일목요연하게 표현할 수 있는 것이다. 잘 모르는 사람일수록 양이 많아지는 것이다. 자신이 없는 사람일수록 상세한 내용만 나열한다. 자신이 없을 때 말이 많아지는 것과 같은 원리이다. 간단하게 쓴다는 것은 자신감도 있어야 되는 것이다.

결국 외부에 나가서 수주를 따든, 우리 회사의 실적이나 우리 부서의 실적을 이야기할 때, 그것을 정확하게 전달해야 되는데 이것 역시 전달하는 사람의 입장이 아니라, 전달받는 사람의 입장을 고려해서 표현해야 하는 것이다. 사장한테 보고할 때 사장 입장에서 무엇을 눈여겨 보는, 그런 시각이 필요하다는 이야기다.

더 나아가 내용에 있어서도 그렇다. 사장한테 보고할 때는 사장 입장에서 중요한 것이 있을 것이다. 일단 이 일이 회사에 도움이 될 것인지, 이윤을 남길 것인지, 생산성을 높일 것인지가 결정 포인트가 될 확률이 높다. 물론 개인 취향도 있을 수도 있다. 조직에서 부각되는 사람들도 사장의 입맛에 맞는 사람이다. 물론 능력이 제일의 조건임에는 틀림없지만, 똑같이 능력을 갖춘 사람이 있다면 사장은 자기 입장을 가장 잘 대변하는 사람을 뽑을 것이다. 당연한 일 아닌가.

프레젠테이션을 통해 일을 수주할 때에도 그 안에 있는 내용의 실질적 가치를 인정하는 것이 첫째지만, 주체가 되는 기업체의 이익이나 취향, 가치관에 가장 부합하는 조건을 따지게 될 것이다. 그것을 맞춰야 하는 것이다. 그것이 서식의 기술 제 1 조건이다.

이강호는 언젠가 세미나 석상에서 사장님이 자신의 옛날 경험을 이야기해 주셨던 것이 생각났다. 회의 내용을 정리해 오라고 시키면 한 열흘을 밤샘 작업해서 자료를 만들어 오는 직원이 있었다. 보고서를 받아 보면 20페이지는 족히 되는 분량에 페이지 가득 채운 빽빽한 글씨 때문에 읽기도 싫어졌다. 그럼 일단 덮어두게 된다.

　　이력서, 자기소개서라는 것은 취업의 첫 관문이다. 그것도 결국 뽑아 주는 사람의 눈에 들게 작성해야 하는 것이다. 수 백 장 씩 되는 서류를 읽는 사람도 고역이다. 그런데 거기서 거기다 비슷한 내용일 때는 눈에 들어오지도 않는다. 지루해서 볼 수가 없다. 엄한 집안, 정겨운 농촌 분위기, 안정된 가정 환경 등 비슷한 표현도 많고, 어떤 패턴이 있는 양 비슷한 글들 투성이다.

　　튀어야 한다. 그렇다고 무턱대고 튀려고만 든다고 답이 나오는 것이 아니다. 교수가 아무리 아는 게 많아도, 알기 쉽게 설명하지 못하면 좋은 교수라 할 수 없듯이, 서식을 만든다는 것도 최종적으로 표현되는 것이기 때문에 중요하다. 좀 못 생겼어도 상황에 맞도록 화장 잘 하고 옷을 잘 입으면 좋아 보이는 것이다. 전달하고 싶은 것만 강하게 전달할 수 있는 방법을 익히는 것도 중요하다. 그래서 장황한 내용을 간결하게 만들고 혹은 도표로 만들어서 표현하는 것을 서식 만들기에서 배우는 것이다.

Mentor Message

서식의 기술을 익혀라

정보화 시대에 있어 많음은 적음보다 못하고, 문자는 도식화보다 메시지 전달의 강도가 떨어진다. 서식의 첫 번째 조건은 한눈에 보이게 하라는 것이다. 정보량은 최소로 하고 단순한 표현으로 구성하며 문자로만 꾸미기보다 도식을 적절히 활용하도록 한다. 내용을 그룹화하고 화살표를 사용하여 시각화하며, 기왕이면 세 가지 항목으로 정리한다. 세 가지가 가장 인상에 남기 쉬운 숫자이기 때문이다. 통일감 있는 표현도 중요하다. 동일하게 정보를 배열하게 되면 가지런한 모양으로 표현돼 이해력을 높이고 설득력 또한 향상된다.

그러나 과잉 시각 표현은 삼가야 한다. 일러스트는 메시지가 방해되지 않도록 사용해야지, 주객이 전도되어서는 안 된다. 또 하나 주의할 것은 강조하고 싶은 표현은 하나만 두드러지게 해야 한다는 것이다. 강조점이 많아지면 모두가 함께 묻혀 버리고 말기 때문이다.

9
시간! 어찌 할 것인가

아직도 민아는 전화를 안 받는다. 단단히 화가 난 모양이다. 연애 3년 동안 싸우고 화해한 횟수야 수없이 많았지만 이번은 좀 심각하다. 이틀 동안 전화를 안 받는 건 처음이었다.

또한 명백히 자신의 잘못으로 비롯된 것이기 때문에 이강호는 마음이 편치 않았다. 전화기만 만지작거리는 것을 눈치 채고는 윤 선배가 한마디 한다.

"냉전 중이냐? 어쩌냐… 난 대리되기 전에 세 번이나 여자 친구한테 퇴짜 맞았잖아. 힘들다. 그 시절."

불난 집에 부채질을 한다. 평소에 따뜻한 윤 선배지만 연애 얘기만 나오면 좀 오버를 한다.

모든 게 회사 일 때문이다. 신입 딱지를 뗀 이후 업무량은 폭주했다. 더욱이 일에 대한 욕심까지 생겨 이강호는 휴일도 챙기기 힘들 정도로 일 속에서 살아야 했다. 그러다 보니 자연히 여자친구와의 약속은 뒤로 미뤄지고, 이틀에 한 번씩 보던 게 삼일에 한 번으로, 일주일에 한 번으로 미뤄지더니 최근에는 이주일 동안 얼굴 한 번 못 본 지경까지 이르렀다. 더욱 결정적인 것은 민아의 생일까지 잊고 있었다. 어떻게든 만회를 해야 했지만, 지금 이강호는 그럴 여유가 없었다. 코앞에 치러야 할 프로젝트가 있었기 때문이다. 한숨 쉬는 모습을 보다 못한 윤 선배가 전화번호 하나를 내밀었다.

"내가 애용하는 꽃배달 서비스야. 일단 이걸로 무마시켜 놓고 보라고. 너, 삼년 쯤 써 먹을 수 있는 건수 하나 잡힌거야. 애인님 생일을 깜빡하다니."

말하는 태도가 얄밉기는 했지만 당장 필요했던 도움이기에 이강호는 일단 덥썩 받아들었다. 민아의 회사로 꽃배달을

부탁했다. 뒤늦은 축하니까 눈 질끈 감고 큼직한 것으로 주문을 했다. 값이 꽤 나간다.

그때였다.

"이강호 씨, 품의서 도대체 언제 올릴 꺼야? 나 숨넘어 가는 거 보려고 그래? 그리고 근무 시간에 사적인 통화나 할 시간 있는 거냐구, 사람 속도 편하구만."

공 과장이 어느새 전화하는 것을 듣고는 호통을 친다.

"이강호 씨는 공과 사를 좀 구분 해야겠어. 맨날 야근만 하면 대수야? 업무 시간에 딴 볼일 보면서. 그러니 결과물이 늦지."

이쯤에서는 도저히 가만히 듣고만 있을 수가 없었다.

"과장님, 지금 잠깐 사적인 통화한 것 가지고 너무 그러지 마세요. 저 안 그래도 피곤합니다."

"요즘 젊은 친구들은 미니홈피, 블러그 관리도 회사와서 하는데 그것도 사적인 일이야."

"사람 잡지 마십시오. 연애할 시간도 없는데 홈피라니요. 이강호 씨 그런 사람 아닌 거 알면서 그러세요, 과장님은. 어쨌든 이강호 씨 지금 빨리 만들어 보자구."

이번에는 윤 선배가 이강호를 변호해 줬다. 공 과장의 끝없는 잔소리를 적당한 선에서 끝내 준 것이다. 그리고는 커피나 한 잔 하자며 부른다.

"이강호 씨, 커피 한 잔 하고 정신 차려서 품의서 후딱 작성해. 과장님도 커피 한 잔 뽑아드릴까요?"

윤 선배는 역시 분위기 메이커다. 이강호도 불끈 치밀어 오르던 불덩이를 윤 선배 덕분에 간신히 누를 수 있게 됐다.

"공 과장 어휴, 가만히나 있지. 꼭 저렇게 밉게 놀아. 이강호, 너도 잘한 거 없어. 그런 일은 좀 빨리 좀 해. 꾸물대지 말고."

"선배, 지금 불난 데 부채질하는 거유? 그만 해요. 안그래도 머리가 복잡한데."

"넌 머리만 복잡한 게 아니라 스케줄도 복잡한 거 같아. 시간 정리가 안 되지?"

이강호는 윤 선배를 빤히 쳐다봤다. 머릿속으로만 맴돌 뿐, 콕 집어내지 않고 있던 말을 대신 표현해 줬던 것이다.

시간 정리!

가만 생각해 보니 업무량은 자신 못지 않게 많을 텐데, 윤 선배는 언제나 느긋해 보였다. 자신처럼 허둥대는 법이 없었다. 그런 이강호의 생각에 대답이나 하는 듯, 윤 선배는 수첩하나를 보여 줬다. 그 수첩에는 30분 단위로 빼곡하게 나뉘어진 일정이 그득하게 차 있었다.

"이게 뭐예요?"

"내 전투 도구."

윤 선배는 30분 단위로 시간을 나누어 시간 관리를 하는 습관을 오래 전부터 들이고 있다고 했다. 반드시 해야 할 일과 그다지 중요하지 않은 일들까지 자세하고 분류하고 시간 계획을 세우는 것이라고 했다.

"나도 대학 선배한테 배운 거야. 시간에 허둥대지 않으려면 시간을 지배해야지, 별 수 있겠어? 우리 같은 직장인이 말이야."

하긴 학창 시절에도 시험을 며칠 앞두고 밤을 새우면서 벼락치기를 하던 스타일이 이강호 스타일이었다. 그런 버릇 때문인지 미리 미리 계획하고 시간 관리를 하는 데는 어려움이 있었다. 잠시 자신의 모습을 돌이켜 보자니, 시간의 주인이 되어 하루하루 성취감을 느끼고 보람되고 의미 있는 시간을 보내고 있지 못한 자신을 발견하게 되었다. 그저 일에만 치여 무기력하게 피로 속에 하루를 보내고 있는 것 같았다. 일을 이끌고 가는 게 아니라 일에 끌려가고 있었다. 시간에 끌려가고 있었다.

윤 선배가 수첩을 다시 뺏어 가며 한마디 한다.

"매니저가 되라 그러더라구. 능숙한 타임 매니저. 시간을 관리하며 살아야지, 우리가 관리당하지 않게. 야, 이강호! 연애도 마찬가지야. 자, 어서 들어가서 또 미운 공 과장한테 아부 좀 떨자구."

타임 매니저가 되라.

이강호에게는 또 하나의 숙제가 생겼다. 시간을 끌고 가는 타임 매니저가 되기.

그렇게 된다면 적어도 애인 생일까지 놓치는 바보 같은 실수는 되풀이하지 않겠지?

'좋은 일을 하는데 나중으로 미루는 사람은 그 기회를 놓치고 만다. 이것은 삶을 여는 열쇠 중의 하나이다. 나쁜 일을 하려고 할 때는, 잠깐 멈춘 후 그 일을 나중으로 미루어라. 그러나 좋은 일을 하고자 할 때는 멈추지 말고, 나중으로 미루지도 말라. 좋은 사념이 마음에 오면, 즉각 행동으로 옮기는 게 좋다. 왜냐하면 내일은 불투명하기 때문이다.'

오쇼 라즈니쉬의 『명상의 길』 중에 한 구절이다.

그런데 언제나 그렇듯 옳은 길은 어렵고 옳지 않은 길이 더 손쉽게 다가온다. 나쁜 일을 하는 데는 선뜻 발길이 옮겨지는데, 좋은 일, 해야 할 일은 자꾸 뒤로 미루게 되니 말이다.

시간 관리의 기본도 어쩌면 여기에 있을 것이다.

좋은 일은 당장 하라! 해야 할 일은 당장 하라!

옳지 않은 일, 지금 해야 할 이유가 없는 일은 뒤로 미루라!

언젠가 읽었던 글에 이런 내용도 있었다. CEO의 자리에 올라선 사람들의 책상은 한결같이 깨끗하다고 했다. 서류가 쌓일 시간이 없이 모든 의사결정을 신속하게 처리하기 때문이다.

한 가지에 집중하는 습관, 그리고 미루지 않고 당장 해결하는 습관이 최고의 자리로 이끈 것이다. 결국 이 역시 시간 관리의 한 형태일 수 있다.

신입 사원일 때는 주로 잡무가 많았다. 한 마디로 몸으로 때우는 일이었다. 그러니 한 가지를 끝내고 다른 일을 하기가 힘들다. 동시에 떨어진 일은 정신없이 해내야 한다.

그다지 중요하지도 않은 일, 그러나 여기 저기서 닦달하는 긴박한 일들 말이다. 그 순간순간에는 그 일에 집중하지만 한 시간이나 하루를 보면 여섯 일곱 가지를 동시에 해야 하는 일이 많았다. 그러다 보니 제 때 해내지 못해 깨지는 일이 수두룩하다. 급한 일들을 처리하다 보면 하루가 지나고, 정작 과제로 주어진 프로젝트는 손도 대지 못한 게 일쑤다. 사실 잠깐 담배 피우고 오고, 커피 마시고 오고, 싸이 잠깐 들어가고 인터넷 뉴스 잠시 검색하고, 전화 받고 전화 걸고…그러면서 버려지는 시간도 만만치가 않다. 그래서 시간 관리가 필요한 것이다.

학창 시절 추억으로 시험을 며칠 앞두고 밤을 새우면서 공부한 경험이 많을 것이다. 벼락치기 공부는 시간 관리에서 중

요하다고 볼 수 있는 긴장감, 마감 시한, 그리고 뚜렷한 목표 의식을 가지고 있어 시험을 위해 다른 것의 과감한 포기를 해 왔다. 이처럼 목표를 위해 다른 것을 포기할 줄 아는 것이 매우 중요하며 그래야 꼭 해야 하는 일에 집중할 수가 있다. 시험에 임하듯 연간 목표를 월간 또는 주간 개념의 단기 목표로 해서 지속적으로 집중한다면 몇 배의 성과를 얻을 것이다.

비단 회사 업무뿐 아니라 일상 생활에서도 시간 관리는 매우 중요하다. 기본적으로 시간 관리가 확실한 사람은 공과 사의 업무를 명확히 구별해 양쪽 모두를 성공적으로 이끌어 간다.

잠시 자신의 모습을 돌이켜 보자. 내가 시간의 주인이 되어 하루하루 성취감을 느끼고 보람되고 의미 있는 시간을 보내고 있는지, 아니면 무기력하고 나태하게 하루를 보내며 시간의 흐름에 자신을 맡겨 버린 건 아닌지.

결국 실천이 가장 중요하다. '구슬이 서 말이라도 꿰어야 보배다'라는 말이 있듯이 결과를 만들기 위해 목표와 방법을 찾는 것보다 시간을 어떻게 활용하느냐가 그 기업의 경쟁력이 된다. 시간 관리의 습관화는 경쟁력을 높이고 개인의 삶을 업그레이드하는 중요한 요소이기도 하다. 따라서 열심히 하는 일 못지않게 잘할 수 있는, 그리고 성과를 낼 수 있는 시간 관리 방법을 스스로 개발해 생활화하는 것이 중요하다.

시간(Time)이란, 가장(Top) 중요하다는(Important) 걸 누구나 알고 있기에 모두 갖고 싶어 하지만(Memory) 결코 가질 수 없는 것(Empty).

성공하는 사람들은 시간을 돈보다 훨씬 가치 있는 자산으로 인식한다. 재물은 곳곳에 넘쳐나지만, 시간은 만민에게 평등한 유한한 자원이기 때문이다. 하루 24시간을 가장 효율적으로 낭비 없이 최고의 생산성을 낼 수 있도록 멋지게 활용하는 방법을 익히는 것은 분명 성공의 중대한 요소이다.

일의 중요도에 따라 순서를 정해 놓다 보면 한결 정리도 편해진다. 사실 매일 매일 해야 할 일을 적어 놓는 사람은 생각보다 많지 않다. 아침에 그날의 할 일은 메모하고 시간 계획을 짜는 습관을 들이면 그렇지 않았을 때에 비해 버려지는 시간을 한층 줄일 수 있다. 반복해서 분석하다 보면, 내가 오전에 집

중하는 스타일인지, 오후에 집중하는 스타일인지, 오전에 잡무들이 많은지 등을 파악하기도 쉽다. 밀고 들어오는 부탁들을 거절하기도 쉽다.

시간 계획이 서면 스스로도 확신이 있기 때문에 받아들일 수 있는 것과 없는 것을 명확하게 구분할 수 있기 때문이다. 막연히 거절하는 것과 그런 근거를 대며 거절하는 데에는 큰 차이가 있다. 업무가 많아질수록 시간 관리는 필수다.

바빴던 날 조차도 따져 보면 의미 없이 분주하기만 했던 날이 많다. 친구를 열심히 만났다고 해도 이리 저리 끌려 다니기만 하고 전혀 도움이 안 되는 시간을 보낼 수도 있다. 전화기에 매달리거나 인터넷에 빠져 흘려보낸 시간도 많다. 문제는 진짜 중요한 것들이 많은데 거기에는 제대로 할애를 못하고 쓸데없이 버리는 시간이 많다는 것이다. 그것을 줄여서 중요한 곳에 사용할 줄 아는 것이 현명한 타임 매니저다. 시간을 현명하게 경영하는 사람이 결국은 능동적인 삶을 사는 사람인데 의외로 그런 사람이 많지 않다.

이강호는 계획을 먼저 세우고 사용한 시간의 내용을 확인하다 보니 의미 없이 흘려보낸 시간이 많다는 것을 알 수 있었다. 어디 가서 누구와 만난 것도 잘 따져보면 왔다 갔다 할 때 남는 시간, 기다리면서 보낼 수 있는 시간 같은 게 있었다.

그 자투리 시간이나 이동 시간, 무료한 시간을 활용하기 위해서 내가 어떤 준비가 돼 있는가도 생각해 보게 되었다. 지하철로 출퇴근하는 시간 동안 수첩 정리를 시작한 것도 시간 관리 후의 변화다. MP3로 중국어 회화를 듣기 시작한 것도 큰 변화다. 거창하게 시작하기보다는 일단 자투리 시간이라도 이용하기로 한 것이다.

요즘 새삼 여유와 게으름의 차이를 알게 됐다. 무료하게 시간을 보내고 차일피일 미루며 회피하는 것을 여유로 착각하고 살았던 건 아닌가 돌아보게도 됐다. 의미 없이 보내거나, 멍하니 있는 시간이 무기력의 원인이라는 것을 안다. 그냥 흘려보내는 시간은 흘려보내는 인생이 아닌가. 시간을 어떻게 활용하느냐에 따라 인생도 달라지고, 생에 대한 태도도 달라질 것이라던 말을 이제 몸으로 느낀다.

Mentor **M**essage

오늘의 나는 어제 한 선택의 결과다

오늘의 나는 어제 한 선택의 결과다. 어제까지 내가 살아온 결과가 오늘의 내 모습이다. 결과적으로 오늘을 어떻게 사느냐가 가장 중요한 것이라는 말이다. 빛나는 미래를 꿈꾼다면 오늘 잘 살아야 한다. 그런데 많은 사람들은 오늘을 열심히 살기보다는 내일로 미룬다. 업무를 진행할 때에도 '지금은 여건이 안 맞아서 잘 못하고 있지만, 이러이러한 여건이 좋아지면 난 잘 할 수 있어.'라거나, '오늘까지는 놀고 내일부터 열심히 할 거야!' 라는 생각을 흔히 한다. 어리석은 핑계다.

지금 일도 잘 못하면서 다음 번 일부터 잘하겠다고 해 놓고 진짜 잘 해내는 사람을 나는 본 적이 없다.

능숙한 타임 매니저는 빨리 결정을 내리고 쓸데없는 고민은 하지 않는다. 시간을 어떻게 보내느냐도 중요하지만, 이미 지난 일에 연연하지 않는 것 역시 시간관리다. 타임 매니저로서의 능동적 삶을 살아가려면 기본적으로 시간 축의 관점에서 세상을 볼 필요가 있다.

4

어부!
그물을
던지다

어부! 그물을 던지다

어부의 심장이 터질 듯 고동치고 있습니다. 사랑하는 아내에게 청혼을 할 때에도 이처럼 두근거리진 않았던 것 같습니다. 여자 앞에서 손도 덜덜, 다리도 덜덜, 얼굴까지 벌개졌던 어부가 평생을 함께 하자는 말을 입 밖에 내는 순간, 심장은 이미 그의 것이 아니었습니다. 그러나 지금 이 순간의 심장 박동은 그때와는 또 다른 세기로 달리고 있습니다.

어부는 이제 그물을 던지려 합니다. 오랜 시간 이 순간을 준비해 왔습니다. 어구를 손질하고 고기떼와 바다에 대해 연구를 했고, 식량과 연료를 비축해 먼 바다까지 나왔던 것입니다.

그리고 드디어 고기떼를 발견했습니다. 몰려드는 갈매기 떼와 바다의 빛깔, 해수의 움직임이 고기떼가 있는 곳을 말해 주고 있습니다.

지난 해 적금을 타서 모은 돈으로 어렵게 장만한 어군탐지기도 바로 이곳이라고 어부에게 일러 주고 있습니다. 그래서 어부는 기운차게 그물을 던질 준비를 합니다.

　꿈은 가까이에 있습니다. 이제 어부는 그물을 던집니다.

10
미운 사람 떡 하나 더 주자

이강호는 겨우 끊었던 담배를 다시 피우게 됐다. 공 과장 때문이다. 이번에는 심각했다. 이런 상태로 회사를 계속 다녀야 하는가? 진지하게 고민까지 했으니 말이다. 사사건건 트집을 잡는 직속상사 공 과장은 날이 갈수록 이강호를 더 괴롭힌다. 미운 사람 하나만 있어도 직장 전체가 싫어진다는 것을 실감하게 됐다. 아침에 눈을 뜨면 공 과장 얼굴이 떠올라, 하루가 침울해진다.

금연 건물이다 보니, 담배를 피우려면 옥상까지 올라가야 됐다. 그런 게 구질구질해서 금연 선언을 했는데, 1년 만에 다시 담배를 물게 된 것이다. 옥상에 서서 담배 한 대를 피워 물자 가슴이 싸아해졌다. 도대체 어떻게 해결해야 할까. 혼자서 해결할 수 있는 일이라면 차라리 편했을 것이다. 밤을 새워서라도 해낼 수 있는 일이라면 좋겠다. 그러나 인간 관계는 그렇지 않았다. 손바닥이 서로 마주쳐 소리를 내듯, 상호 간에 이루어져야 하는 일이기에 더욱 그렇다.

"공 과장 좀스러운 거 몰라? 그냥 무시해 버려. 그러려니 하고 살아야지, 어쩌겠어? 이번에 이동 케이스라는데 어디론가 발령이 나겠지."

윤 선배는 이렇게 위로해 줬다. 그러나 그것으로도 풀어지지는 않았다. 6개월이 아니라 한 달, 아니 일주일도 버티기 힘들 것 같았기 때문이다.

그동안 공 과장한테 칭찬이라곤 받아본 적이 없는 것 같다. 사사건건 트집을 잡고, 비아냥거리는 건 그 사람 성격이려니 하고 치부해 버린 것도 오래됐다. 하지만 이강호가 올린 아이디어를 자기 것인 양 보고한 것은 묵과할 수 없는 일이었다. 더

욱이 그것을 넌지시 항의하자, 그간의 이강호 실책들을 하나씩 꺼내 부장님까지 있는 자리에서 문책했던 것은 무엇이란 말인가. 사람이 좁다 좁다 해도 그 정도까지 좁은 인간일 줄은 몰랐다. 그것이 어제 일이다. 정말 얼굴 마주치는 것도 불편해서, 이강호는 죽을 맛이었다.

한숨과 담배 연기를 번갈아 내쉬고 있을 때였다.

"땅 꺼진다, 땅 꺼져!"

돌아보니 김 이사였다.

"나보고 담배 끊으라고 일장 설교를 하더니만, 뭐야, 다시 피우는 거야?"

김 이사는 이강호 얼굴에서 그늘을 읽었는가 보다. 또 허튼소리로 기분을 돋워 주려는 것을 보면.

"1년차 교육을 호되게 받고 있는 모양이군. 또 무슨 일이야?"

동문이라는 친근감 때문인지, 아니면 몇 번의 사적인 대화 때문인지 김 이사는 다른 간부와는 다르게 마음이 푸근해지는 뭔가가 있었다. 그래도 이강호는 잠시 망설였다. 회사 내의 인간 관계인데, 회사 간부한테 말한다는 게 옳지 않은 것 같아서였다.

"일하는 방법을 배우기 전에 인간 관계 방법을 배워야 할 것 같습니다."

그래도 한마디쯤 위로 받고 싶은 심정도 있었나 보다. 불쑥 여기까지 튀어나오고 말았다.

"이 친구 보기보다 덜 떨어졌네. 일하는 방법 안에 인간 관계까지 포함된 거 아직 파악 못했단 말야? 그동안 온실에서 살았구만."

"그런 말씀 마십시오. 저도 형이랑 동생 틈에서 산전수전 다 겪으며 자라왔다구요. 그렇지만 너무 어려워요."

"그럼. 사람 일이 제일 어렵지. 그런데 의외로 푸는 열쇠는 간단해. 그건 자네 마음에 달려 있으니까. 도저히 못 볼 정도라면 회사를 관두고. 회사를 다녀야겠다 싶으면 마음을 바꿔야지."

이렇게 운을 떼며 김 이사는 자신의 경험담을 들려주었다. 옛 직장에서 아주 불편했던 동료와 프로젝트를 함께 했던 경

험이 있다고 했다. 서로 성격이 너무나 달라서 사사건건 부딪치는데도 함께 얼굴을 맞대고 일을 해야 하는 실정이었다. 시간이 지나면서 그 친구가 물 마시는 것조차 꼴보기 싫어졌을 정도라고 한다.

맞다.

사람이 한 번 미워지면 그 정도까지 간다는 건 이강호도 잘 알고 있었다. 더욱이 이쪽에서 싫어하니까 그쪽에서도 김 이사를 싫어해서 서로 냉기류는 장난이 아니었다는 것이다. 김이사는 너무나 불편해 회사 나가기도 싫었다고 한다. 그래도 어쩌겠는가. 일은 해야 하고, 회사에서 살아 남아야 하는데.

"우연히 술 마실 기회가 있었어. 부서 회식이었지. 그때 내가 먼저 술잔을 가져가서 옆에 앉아 말을 해 버렸어. 우리가 왜 이렇게 됐는지. 내가 자네를 참 좋아했는데 어쩌다 보니까 이렇게 됐는지 괴롭다. 근데 하나하나 따져 보면 나쁠 이유도 없는데…그렇게 털어놓고 술을 진탕 마셨어. 술이 웬수가 아니라 도우미가 됐어. 그리곤 풀어졌지."

술이 꼭지까지 오르도록 마시며 어깨동무를 하고 노래까

지 부르고, 서로 등 두드려 주며 구토까지 하고 나자, 쌓였던 감정이 해소되었다. 물론 근본적인 문제가 풀린 것은 아니지만, 감정이 해소되니 훨씬 수월해졌다는 것이다. 그후로도 오랫동안은 서로 조심하며 경계를 하긴 했지만, 쓸데없는 감정 싸움은 하지 않았다.

"사람 일은 다 마음에서 오는 거야. 밉게 보기 시작하면 그림자까지 밉다고. 억지로라도 이쁘게 봐야지."

"그게 어디 쉬운 일인가요."

"그럼 일단 이렇게 해봐. 칭찬을 하는 거야. 칭찬하다 보면 정드는 거 모르지? 우리 아들이 캠프에서 배워온 건데 이런 게 있더라구. 그 사람 모르게 장점을 발견해서 남들한테 칭찬을 하는 거야. 나 믿고 한 번 해 볼래? 우리 아들이 그 방법으로 왕따를 면했거든."

이쁘지도 않은 사람을 칭찬한다. 그것도 쉬운 일은 아닌 것 같다. 그래도 뭔가 돌파구가 필요했던 이강호는 공 과장에게서 다른 면을 보려고 노력했다. 기도하는 심정이었다.

짠돌이로 유명한 공 과장, 술은 물론 밥 한끼 사는 법이 없

었다. 그렇지만 부모님을 모시는 장남의 처지라니 그럴 법도 하다 싶었다. 효자라는 장점 하나를 억지로 찾아냈다. 보고서의 오자 하나까지 찾아내며 트집 잡는 버릇은 그의 강박증이라 이해해 보기로 했다.

그런 빈틈없는 성격이 때로는 실수를 잡아내 큰 화를 막기도 하지 않던가.

김 이사의 조언은 실천하기 쉽지 않았다. 그래도 이강호는 한결 마음이 편해졌다.

문득 오늘 누군가의 블로그에서 본 문구를 이강호는 메모해 뒀다. '사람을 잘 다루기 위해서는 이성적인 설득보다는 감정을 잘 이해하는 것이 필요하다 — 폴 P. 파커'

자취방의 좁은 창문으로 별빛이 들어온다. 이강호는 담배를 물고 창문을 열었다. 서울 도심에서도 별은 반짝이고 있었다. '별을 보면 겸손해진다'고 했다. 천문학의 매력은 인간이 생각할 수 있는 가장 큰 것, 가장 멀리 있는 것, 가장 오래된 것, 가장 궁극적인 것을 찾아가는 데 있다. 복잡한 일상이나 슬픔까지도 무한한 우주에 대비해 보면 극히 작은 한 부분이 라는 것을 깨닫게 된다는 것이다. 별을 보고 있자니 정말 자신 이 고민이라고 부르고 있는 것들이 먼지만한 알갱이처럼 느껴 졌다. 이 마음이 부디 내일 출근까지 이어져야 할 텐데…

따지고 보면 대인 관계도 월급의 일부일 것이다. 돈 내고 다니는 것도 아니고 돈을 받고 다니는 직장에서, 내가 원하는 인간 관계만 요구하는 것은 도둑놈 심보 아닌가.

좀 치사하지만. 모든 사람과 좋은 관계를 유지할 수는 없 다. 우리는 성인군자가 아니지 않은가.

그러나 변해가고, 변하도록 만들 수 있는 것이 인간 관계 다. 그걸 만들어 가는 재미도 성취의 하나로 생각하면 한결 쉬 워질 것 같다. 그리고 아직은 좀 더 시행착오를 거쳐도 좋은 나 이다. 자존심을 내세우기보다, 한 수 접고 부딪치면 오히려 좋 은 결과를 얻을 수 있는 자리 아닌가. 아무리 능력 없는 윗사람 이라도 조직에서 그 나이까지 살아남아 있다면 어떤 점이든

간에 배울 점은 있다. 그런 것을 물어 보고 도움을 청하는 것도 관계를 회복하는 데 도움이 될 것 같았다.

조직에서는 적극적인 사람이 큰다고 하지 않던가. 모르는 것이 있으면 물어 보고, 술도 한 잔 사달라고 하는 직원이 상사들의 눈에는 이뻐 보이고 하나라도 더 챙겨주고 싶게 마련이다. 어차피 혼자서 커나갈 수 없는 게 조직의 생리다. 능력 있는 싹이라 해도 혼자서 커나가는 것을 못 마땅해 하는 것 역시 조직이다.

조직에서 융화하려 하지 않는 자는 왕따가 될 수밖에 없다. 개인 사정을 앞세워 회식에 빠지거나, 단체 활동에 수시로 빠지는 사람은 언제나 열심히 앞장서서 따라 나서는 사람에 비해 조직원과 서먹해지는 게 당연하다. 그 서먹함을 따돌림으로 생각한다 해도 이미 늦었다. 고민이 있을 때도 도움을 청하면 설사 해결해 주지는 못한다 하더라도, 자신에게 도움을 청했다는 것만으로 친근감을 가져주는 게 직장 상사들이다. 아니, 동료들이다.

그런 인간적인 감정을 잘 활용하는 것이 직장 내에서의 인간 관계 노하우라는 것을 이강호는 뒤늦게 터득해 가고 있다. 따지고 보면 간단한 이치를 왜 몰랐던가.

사회 생활을 할 때, 인맥이 좋은 사람은 무슨 일을 하든 쉽게 도움을 받고 지름길을 걸어 간다는 것도 얼마든지 봐 왔지 않은가.

미운 사람일수록 칭찬하라!

미운 공 과장에 대해서도 어느 정도 감정적으로 이해하게 된 이강호는 심호흡 한번 크게 하고 한 발 더 나아가 보기로 했다.

"과장님이 알려주신 고깃집, 맛있던데요. 앞으로 맛집 소개는 과장님께 부탁하겠습니다."

작은 일이나마 아침 첫 인사에 칭찬을 받은 공 과장 얼굴에도 웃음이 활짝 퍼지고 있었다. 오늘 하루, 출발은 아주 굿이다!

Mentor Message

남의 탓에서 벗어나라

같은 상황이라도 어떻게 보느냐에 따라 남의 탓이 되기도 하고, 남의 덕이 되기도 한다. 긍정적 사고는 미래에 대한 희망이 되어 덕(德) 문화의 근간을 이루게 될 것이다. 이제부터 '과거 탓, 네 탓'의 덫으로부터 벗어나야 한다.

'과거 탓, 남의 탓'을 하는 순간 희망도 사라진다. 왜냐? 내가 할 일이 없어지기 때문이다. 내 잘못이 아니고 과거의 탓이고 남의 탓이라면 내가 고칠 부분도 없어지는 것 아닌가?

뿐만 아니라 나는 졸지에 불행한 사람이 돼 버린다. 그러니 사기도 떨어지고 자부심도 바닥을 친다. 중요한 건 남이 해 주기를 바라는 것 치고 제대로 되는 게 없다는 것이다. 내 탓, 내 일로 만들었을 때 개선이 시작된다. 남에 대해서는 자꾸 감사하는 마음을 갖고, 베풀려는 마음이 되면 결국 그 사람이 나한테 베풀어 준다. 탓의 문화가 아니라 덕의 문화!

늘 감사하는 마음을 가질 때 그 사람을 보는 내 눈빛이 온화해지고 그것을 통해서 그 사람이 나한테 그렇게 다가온다. 남의 탓으로 돌리면 의존적이 될 뿐이다. 그것을 개선하기 위해서는 처분만 바라야 한다는 점 또한 문제다. 그러나 내 탓이라 생각하면 바로 실행할 수 있지 않는가. 내가 바뀌면 남이 바뀌고 세상이 바뀐다.

11
지하철에서 생긴 일

"스물다섯 자 이내로 설명할 수 있다면 그걸 영화로 만들겠다!"

스티븐 스필버그가 한 말이다. 밀려들어 오는 수많은 시나리오와 영화 기획서 앞에서 그는 이 말을 던진다고 한다. 그렇게 간결하게 표현되지 않는 영화는 이미 가치가 없다는 것이다.

이강호는 책을 덮었다. 간결하게 표현한다는 게 쉽지 않은 일이라는 것을 이강호도 익히 알고 있다. 더구나 모르는 사람 앞에서 자신을 드러낼 때, 더욱 뜻대로 되지 않는다는 것도 잘 안다.

어제였다. 이강호에게도 표현의 능력을 시험 받는 자리가 있었다. 직원들 대상의 연수 프로그램 중에 명사를 초빙해 특강을 개최하기로 하고, 명사 섭외를 이강호가 맡게 되었다. 이강호가 먼저 손을 내밀긴 했지만 공 과장의 태도가 요즘 부쩍 나긋해졌다. 여름 휴가를 잘 다녀왔는지, 어디서 도를 쌓았는지, 부하 직원에게 기회도 나누어 주려고 하고 그의 변화도 눈에 띄었다.

자기 계발 분야의 이름난 저자이기도 한 이 교수가 섭외 1순위였고, 이강호는 제일 먼저 그에게 전화를 걸었다. 그런데 이 교수는 연구실로 찾아와 좀 더 구체적으로 설명을 해 주길 요구했고, 이강호는 대학으로 찾아갔던 것이다.

원래 공 과장이 동행하기로 했었다. 그런데 갑작스럽게 회사 내에 긴급 상황이 벌어지면서 자리를 비울 수 없게 되자, 어쩔 수 없이 이강호 혼자 어려운 일을 떠맡게 되었다. 회사에

출발하기 30분 전에 생긴 일이었다. 이강호는 머릿속이 하얘지는 것 같았다. 이강호는 이 교수에게 전달해야 할 자료는 챙겨됐었는지, 그를 어떻게 설득해야 할지에 대해 따로 준비한 바가 없었던 것이다. 어차피 공 과장이 해야 할 일이었기 때문이다. 단지 옆 길로 빠지기 잘 하는 공 과장의 단점을 잘 알고 있기에 그를 보완해야 한다는 의무감만 있었다.

그렇지만 어시스트와 메인은 엄연히 다르지 않은가. 다리가 후들거려 지하철을 탈 기력도 없었다. 택시를 타고 의자 등받이 깊숙이 몸을 기댔다. 이 교수는 언변이 좋기로 소문난 사람이다. 거기에 빈틈없는 치밀한 성격으로 섣불리 섭외했다가는 망신만 당한다는 정보도 미리 들은 바 있다. 그런 사람이 호의를 가지고 만나자고 했다는 데서 고무되었지만 아직 YES를 한 것은 아니기 때문에 이강호는 걱정이 앞섰다.

얘기해야 할 내용을 하나씩 짚어봤다. 회사에 대한 소개와 이번 특강의 컨셉과 의미, 그리고 부탁해야 할 강의 내용, 그리고 강의료 등에 대해 다시 한 번 점검했다.

'어쨌든 일은 벌어졌고, 죽으라는 법은 없으니 어떻게든

되겠지.'

이강호가 이렇게 아랫배에 힘을 주는 순간, 어느새 차는 학교 앞에 멈춰 섰다.

연구실에 들어서자 이 교수 외에도 한 무리의 학생들이 앉아 있었다. 대학원 수업을 받는 제자들인 모양이었다. 이 교수는 소파에서 자리를 옮겨 구석에 있는 자신의 책상으로 이강호를 안내했다. 이강호에게 특강에 대해 설명을 부탁했다. 이강호는 그저 침만 꼴깍 넘겼다. 이 교수의 날카로운 눈빛 때문이었던 것도 같다. 얼어붙어 버린 데다 넓지 않은 방 저편에서는 한 무리의 학생들이 이쪽 소리에 주목하고 있었다.

모르겠다. 그들 나름대로 다른 일을 하고 있었을지도 모르지만, 왠지 조용한 것이 이강호는 신경이 쓰였다.

용건을 꺼내 놨지만, 제대로 설득력 있게 말을 늘어 놓았는지 알 수가 없었다. 한두 번쯤은 질문에 얼버무리기도 했고, 잘 못 알아들었는지 이 교수는 몇 번이나 다시 묻기도 했다. 섭외가 안 돼도 좋으니 이 자리만 빨리 벗어났으면 좋겠다는 생각이었다.

교수 연구실에는 에어컨도 없는지 방은 한 여름 열기를 고스란히 담은 듯 더웠고, 이강호의 등은 땀으로 흥건하게 젖었다. 이 교수는 세미나 일정과 겹칠 수도 있다며, 일정을 알아본 후 다시 연락을 주겠다는 말로 이강호를 보냈다.

"이런, 등이 다 젖었네. 고물 에어컨 때문에 이 방이 더워요. 저 앞에서 땀이라도 더 식히고 가시죠."

하지만 이강호는 더 있을 수가 없었다. 회사 내 회의를 핑계로 서둘러 자리를 나왔다.

도대체 무엇이 문제였던가. 회사 내 프레젠테이션도 무사히 마쳤던 그가 아니던가. 물론 영업직처럼 낯선 사람들을 수시로 마주치는 직업은 아니었다. 지난번 프레젠테이션도 모두 친숙한 사람들 앞에서의 일이었다. 또 치밀하게 준비도 했던 것이 긴장을 덜어 주었다.

그렇다고 섭외하는 일 하나가 이렇게도 힘든 일이었던가?

갑자기 오달수의 능력이 빛나 보였다. 최근 오달수는 이달의 영업인으로 상까지 받았다. 겨우 1년차인데 선배들을 제칠만큼 뛰어난 실적을 올렸기 때문이다. 영업팀 내에서도 화제가 되었다. 입사 동기인 오달수가 부각되자 이강호는 묘한 질투심이 일었다. 말만 앞서는 오달수, 그의 특유의 능청스러움으로 일하는 영업이 과연 실력이라고 할 수 있을까 의심했었다. 아니, 그가 인정받는 능력이라는 것을 폄하했었다.

그러나 지금 이강호는 오달수가 위대해 보인다. 모르는 사람을 설득해 내고 내 편으로 만드는 것이 영업의 기본일 텐데, 이강호는 오늘 진땀 뺀 일을 오달수는 그것도 회사 내에서 최고로 인정받았다는 거 아닌가.

부러웠다. 그리고 씁쓸했다.

"아니, 젊은 사람 어깨가 천근이면 어떡해? 이 나이에도 팔팔한데!"

축 처진 어깨로 느즈막히 퇴근하는 이강호 등 뒤에서 누가 큰 소리로 말을 건다. 돌아보니 건물 입구를 지키는 수위 아저씨다. 화통한 성격의 아저씨는 직원들 개인의 이름까지 다 기억해 주며 친근하게 대해 주는 분이다. 그분의 밝은 웃음 띤 인사를 받고 보면, 이쪽에서도 저절로 웃음 띤 인사를 하게 되었다. 너무 야단스럽다며 부담스러워 하는 직원들도 있었지만, 이강호는 그런 성격에 호감이 갔다. 지난 겨울에는 야근을 끝나고 가는 길에 회사 앞 포장마차에서 소주잔을 기울인 적도 있었는데, 한동안 격조했던 것 같다.

"겉만 젊은이입니다. 속은 다 썩었습니다."

"엄살 그만 떨어! 인사팀 이강호 씨 하면 차기 이사감이라고들 하던데 뭘 그렇게 엄살이야? 하하!!"

사람은 간사한 동물이다. 농담이지만 칭찬은 듣기 좋았다.

"아저씨두…제대로 알고 계시네. 지금 퇴근하세요? 한 잔 하실래요?"

아저씨도 내일 일찍 일이 있다고 하셨고, 이강호도 피곤하던 차라 두 사람은 생맥주 500CC 딱 한 잔 씩만 마시기로 하고, 호프집에 들어섰다. 한 잔은 정이 없다며 한 잔이 두 잔이 되고 두 잔이 세 잔이 됐다. 하지만 더 이상은 넘어갈 수 없어

그쯤에서 일어섰다. 같은 방향의 지하철을 타고 아저씨와 옆에 앉으니, 이강호는 오늘 하루가 꿈만 같았다. 술기운도 어느 정도 올라서인지 이강호는 아저씨에게 오늘 있었던 일을 이야기하면서 쉬운 일이 없다고 엄살을 떨었다.

그러자 아저씨는 생각지도 않던 옛날 이야기를 꺼냈다. 자신도 세일즈맨 출신이라고 했다. 다니던 회사가 부도가 나는 바람에 물건을 들고 나와 지하철에서 사람들에게 팔아본 적도 있다고 했다. 그러더니 갑자기 눈을 빛내며 이강호를 바라봤다.

"뭐든지 배짱이야. 지하철에서 사람들한테 물건을 팔 때도 배짱 하나면 돼. 처음엔 침이 꼴깍꼴깍 넘어가지만 막상 해 보면 아무것도 아니라니까. 자네 한번 해 볼래?"

"네엣 장사를 해 보라구요?"

"뭐 팔 게 있어야 장사를 하지. 그러지 말구 회사 소개나 한바탕 해 봐. 지금, 여기서. 그럼 어디다 갖다 놔도 두려울 게 없을 걸!"

그러더니 아저씨는 앉아 있는 이강호를 냅다 떠밀었다. 느

닷없이 떠밀려 나간 이강호가 다시 자리에 앉으려고 하자 아저씨는 다리를 쩍 벌려 자리를 막아 버렸다. 사람이 많지 않은 지하철 안에서 두 사람의 소란은 사람들의 시선을 이미 붙잡고 있었다. 껄껄 거리며 웃어 넘기던 이강호도 순간, 호기가 생겼다. 좋다! 옛날 고등학생 시절에 람보 놀이를 하며 지하철 칸에 들어가 총 쏘는 흉내도 냈던 적이 있는데 이까짓거야 뭐 힘들겠나.

"안녕하십니까? 저로 말씀 드릴 것 같으면⋯아닙니다. 죄송합니다."

일단 말은 뱉었지만, 사람들의 시선이 모이자 이게 무슨 짓인가 싶었다. 그냥 돌아서서 머리를 긁적이며 앉으려는데 아저씨가 이강호의 등을 밀었다. 그러더니 이번에는 아저씨도 같이 옆에 서서 한 마디 거들었다.

"이 청년은 전도유망한 중견 기업의 간부 후보생입니다. 나이는 어리지만, 지금 엘리트 코스를 밟고 있는 중입니다. 자신감 훈련을 위해서 이 자리에서 회사 소개 한 말씀드리겠답니다. 들으시고, 간부가 될 재목인지 아닌지 여러분이 평가해 주십시오. 안 되겠다 싶으시면 노래 시켜도 좋습니다.”

아저씨의 넉살 좋은 얘기에 박수를 터뜨려 주는 사람도 있었다. 하지만 쳐다보지도 않거나 무심하게 바라보는 사람들도 있었다. 이왕 이렇게 된 일, 이강호는 다시 무대에 섰다.

정말이지 이 좁은 지하철 칸이 무대 같았다. 이미 세상이라는 거칠고 광대한 무대에 던져진 몸, 지하철이라는 작은 무대 안이 두려울 게 뭐란 말인가. 이강호는 단숨에 자기 소개와 회사 소개를 마쳤다. 그리고 노래까지 한 자리 뽑아냈다. 그 사이에 지하철은 두 정류장이나 움직였고 새로 타는 손님도, 내리는 손님도 있었지만 중간중간 박수도 터져 나왔다. 발랄해 보이는 여학생들은 카메라폰으로 사진까지 찍었다.

처음에는 무슨 얘기를 하고 있는지 생각도 안 났지만, 지켜봐 주는 사람들의 눈을 보고 있자니 힘이 났다. 그리고 그들을 설득시키고 싶다는 욕심도 생겼다. 물건이 있다면 물건이라도 팔고 싶다는 의욕도 생겼다.

그랬다. 모든 것은 마음 먹기 나름, 그리고 훈련하기 나름인가 보다. 오늘 낮의 바보같은 실수 역시, 준비되지 않았다는

데서 나온 자격지심과 낯선 사람 앞이라는 수치심이 먼저 발동됐기 때문일 것이다.

아저씨는 먼저 내리며 이강호의 등을 두드려 주셨다.

"잘 했어. 이렇게 잘하면서 엄살은! 이강호 씨, 내가 내일 가서 영업으로 옮겨달라고 말할까? 아예 지하철 영업 어때?"

'고맙습니다.'

이 말은 차마 입밖으로 나오지 않았다. 그러나 자신감과 함께 그 순간 이강호 가슴을 가득 채운 진심이었다.

논리적으로 이야기하는 습관도 결국 훈련의 결과라고 언젠가 들은 듯하다. 어렵고 힘들고 무서운 그런 일은 사실 별로 없다. 좀 창피하고 쑥스럽고 소심해져서 못하는 경우가 있을 뿐이다. 하지만 세상이 모두 내편이 돼서 날 기다리고 있는 것은 아니지 않는가.

만약 낯선 빌딩에 물건을 팔러 들어간다고 해 보자. 입구에서부터 가로막힐 것이다. 미리 약속을 하고 들어간다 하더라도 그다지 호의적이지 않은 사람들을 수없이 만날 것이다. 그런 사람들에게 내 말을 듣게 하고, 설득하는 일, 생각해 보면 그런 일들은 얼마든지 있다. 영업직이 아니더라도 협조를 청하거나 일을 의뢰할 때, 또 이강호처럼 섭외를 하는 일도 있을 수 있다. 호의적이지 않은 낯선 이들 앞에서 얼굴에 철판을 깔고 부딪쳐야 할 순간은 많다. 그 생소함을 견디는 수밖에 없다. 지하철에서 헛소리도 지껄여 봤는데, 못 할 게 뭔가. 앞으로 최소한 낯선 사람들 앞에서 나를 표현하는 데 막연한 두려움 따위는 없을 것 같았다.

집에 도착할 무렵, 이강호는 전화 한 통을 받았다. 특강에 응하겠다는 이 교수의 전화였다. 이강호는 허공에 대고 소리쳐댔다.

"두드려라, 열릴 것이다!

두드려라, 열렸단 말이다!!"

Mentor Message

생소함을 극복하라

지하철에서의 경험은 직장 생활에서 쉽게 부딪칠 수 있는 일이다. 나에게, 또는 나의 말에 관심 없는 사람에게 내 의사를 전달해서 목적을 관철시키는 일은 흔하다. 특히 영업인이라면 더욱 자주 부딪친다. 영업 사원은 자신을 원하지 않는 곳까지 찾아가 비즈니스를 한다. 꿔다 놓은 보릿자루처럼 세워 놓고 십 분쯤 마지 못해 이야기를 듣다 보내는 사람도 있다. 삼십 분씩 기다리게 해 놓고는 나중에 와서 "에! 아직 안 갔습니까?" 하고 면박을 주는 사람도 있다.

이런 경우는 셀 수 없이 많다. 상대가 마음을 열어 주지 않을 때 그 사람 마음을 열어야 될 때가 있다. 영업을 할 때는 물론이고, 직장 내부에서도 그렇다.

같은 직장에서 평생을 같이 갈 사람인데 잘 지내야 즐거울 게 아닌가.

자존심은 좀 상하더라도 굽히고 먼저 이야기를 청하고, 도움을 요청할 수 있어야 한다. 결국 이런 일들은 난처함, 생소함 등을 극복해야 가능하다.

12
부족한 것을 채우는 것보다
가지고 있는 것을 키우자

샌드위치 휴일까지 포함해 5일이나 되는 추석 연휴가 달디 달다. 휴일이 많은 게 즐거운 걸 보면 이강호도 어쩔 수 없는 샐러리맨이다.

모처럼 고향에 내려오니 긴장의 끈이 확 풀리는 듯 편안하다. 대도시 서울 생활에 시달리다 와서인지, 고향은 그새 더 작아진 것 같다. 대학 시절 방학이면 벽돌을 나르며 공사판에서 일하던 것이 얼마였던가. 건설업을 하는 친척의 주선으로 세상의 바닥에서 배운다는 생각으로 공사판을 누볐었다. 이 도시에 이강호가 지은 집이 몇 채이며 아파트가 몇 채던가. 그 걸 생각하면 괜히 뿌듯하다. 특별한 기술이 있는 것도 아니라서 그저 벽돌이나 모래 나른 것이 전부였지만, 그래도 뼈다귀만 앙상했던 건물이 포장되고, 그 안에서 살아가는 사람들의 생활의 향기가 배고 나면, 남다른 감회가 생긴다.

추억은 힘이다. 기운이 바닥까지 떨어졌을 때, 추억의 힘은 어디선가 솟아나 척추를 단단히 받쳐 준다. 뿌리가 단단한 나무들은 잠시 시들었다가도 물만 주면 금세 일어나는, 그런 원리인가 보다. 고향에 오니, 그동안 잃고 있었던 자신감이 조금 솟아난다. 서울에서는 언제까지나 이방인일 뿐이었다. 어차피 고등학교부터는 서울에서 유학 생활을 했기 때문에 이미 고향 말씨는 잊었건만, 이상하게도 고향에 돌아오면 말씨부터 마음이 편해진다. 온통 내 귀에 익숙한 사투리들 아닌가. 서울에서 고향 사람만 만나도 반가운데, 지천에 널린 고향 말씨, 고향 사람들. 내 편이라는 생각 때문인지 든든하다. 고향은 욕조의 목욕물처럼 따뜻하고 포근하다. 하지만 그 물을 깨고 나온 것

도 이강호였다. 그래놓고 투정을 하는 건 또 웃기는 일 아닌가.

모처럼 중학교 동창들이 모였다. 함께 모여 다니던 친구 일곱 명 중에 고향에 남은 친구는 두 명뿐이다. 학창 시절부터 맞수였던 영욱이도 일찌감치 내려왔다. 영욱이는 대기업에 들어갔다. 동창들 사이에서나 부모님들 사이에서나 영욱이는 수재였고 엘리트였고 부러움의 대상이었다. 영욱이랑 가장 친했던 이강호였지만, 지금은 왠지 거리가 느껴진다.

단짝이라고는 하지만 중학교 때였으니 벌써 십 년도 더 된 일이다. 그 세월의 거리만큼 서먹해졌나 보다. 그리고 어쩔 수 없는 질투심 또한 작용했을 것이다. 그래도 고향에서는 이강호도 유망주였다. 초등학교 때는 학교 회장이었고, 학교 선생님들이나 학부모들이 선망하던 잘난 학생이었다. 그 때까지만 해도 영욱이는 이강호한테 한참 뒤졌었다. 그러나 영욱이는 성실한 아이였다. 머리가 뛰어나지는 않았지만 중학교에 가면서부터 쉬는 시간까지 아끼며 공부를 하더니 결국 명문대학에 입학하고 대기업에 일찌감치 합격을 했다.

다섯 명이 모였다. 이렇게 모인 것도 이삼 년 만인 것 같다.

각자 개성이 다르고 집안 환경도, 현재 처한 상황도 다른 친구들이었지만 모두들 장점이 있었다. 공부는 못했지만 돌파력을 가진 친구, 그는 수완을 발휘해서 일찌감치 자기 사업을 키워가고 있었다. 물론 자금난 때문에 휘청거린다고는 했지만. 항상 바른 말만 해서 훈장님이라는 별명을 가졌던 친구는 선생님이 돼서 학생들을 가르치고 있었고, 손재주가 좋던 친구는 자동차 정비업을 하고 있었다. 그리고 특출한 재주 하나 없었고 돋보이는 점 하나 없었지만, 엉덩이 한번 붙이면 끝을 보던 영욱이는 엘리트 코스를 밟아 유망 대기업의 성실한 직원으로 살아가고 있었다.

이렇게 한 명씩 돌아보던 이강호는 자신을 돌아볼 차례가 되자 울컥 가슴이 막혀왔다. 어린 시절 이 가운데 가장 잘 났다고 생각했던 자신은 가장 심심하고 밋밋하기 짝이 없는 일을 하고 사는 것 같아 보였던 것이다. 술이 술을 먹었고, 끝내는 정신을 잃었던가 보다.

모두들 순식간에 시간을 거슬러 갔다. 아무리 오랜만에 모여도 그 시절로 돌아가게 된다. 참 신기한 일이다. 친구들은 서울에서 잘 나가고 있다며 영욱이와 이강호를 집중적으로 놀려 댔다. 부러움 반, 야유 반이었다. 그런데 아무래도 초일류 기업이라는 영욱이의 회사에 관심이 집중됐다. 이강호는 조금 자존심이 상하기도 했지만, 친구들의 이야기를 듣고 있자니 그나마 조직에서 생활하는 자신은 온실 속에 있다고 생각이 들 정도로 모두의 생활은 파란만장했다. 다들 열심히 폭풍우와 싸우며 길을 잡아가고 있는 선장처럼 보였다. 친구들이 대견해졌다.

마루 끝에 대 자로 뻗어 있는 자신을 흔들어 깨운 것은 아버지였다. 새벽 4시면 자리에서 일어나신다는 걸 알고 있었지만, 이렇게 마주치니 좀 쑥스러웠다. 벌써 아침이었다.

"젊은 녀석이 정신을 어디다 놓고 다니는 거야? 맨날 이렇게 술독에 빠져서 사는 건 아니지?"

예전 같았으면 벌써 몽둥이가 날아왔을 텐데, 아버지의 꾸지람은 힘없고 부드러웠다. 아버지가 변한 것인지, 이강호가 변한 것인지 알 수가 없다. 어머니는 아예 술국까지 끓여서 내오신다.

"오랜만에 친구들 만났으니…. 속이나 좀 풀어라."

얼마 만인가. 어머니가 끓여 주시는 술국을 먹는 게. 자취 생활에서는 라면으로 속푸는 것도 사치였는데, 어머니 품이 좋긴 좋다. 숟가락을 뜨는 아들 옆에서 어머니는 어제 만난 친구들에 대해 이것 저것 물어보신다. 특히 영욱이에 대해서도 궁금한 게 많으신 것 같았다.

결혼할 처자는 있다더냐, 회사에서 일은 많이 안 시킨다더냐…

"엄마, 나도 거기 갈 걸 그랬나? 그럼 더 좋았겠지?"

불쑥 끼어드는 이강호의 말에 어머니는 눈을 흘기며 정색을 하셨다.

"왜? 영욱이 부러워서? 영욱이 그 코찔찔이 옛날부터 니 책가방만 들어주던 녀석이, 대기업 좀 갔다가 너 괄시해? 이

자식, 내가 혼구녕을 내줘야겠네."

어머니는 역시 영원한 내 편이다.

"맞어. 나야 옛날에 책가방 들고 다녀본 적이 없지. 그랬는데, 요 모양 요 꼴이네."

그 순간 어머니의 매운 손이 이강호의 등짝을 내리쳤다.

"이 녀석이, 에미 앞에서 못하는 소리가 없네. 니가 모자란게 뭐가 있냐? 걔보다 머리가 나빠, 인물이 빠져? 회사 잘 다니고 있으면서 왠 엄살이야? 회사에 무슨 일이라도 있어?"

세상의 모든 어머니의 직감은 무시무시할 정도다. 벌써 이강호 마음속의 짐덩이까지 눈치 채고 계셨던 것이다.

"날 봐라. 난 음식하는 거 말고 할 줄 아는 게 없다. 바느질도 못한다고 구박받았었고, 장사도 좀 해 보려고 했는데, 망하지 않았냐? 그래도 음식 솜씨 하나는 알아주니까, 그 재미로 산다. 모자란 거 하려 그러면 뭐해. 잘 하는 거나 하면 됐지."

상을 물리고 목욕이나 하고 오겠다며 길을 나섰을 때였다. 이강호 머리에 문득, 언젠가 사장님의 훈시 중에 들었던 말이 떠올랐다.

"부족한 것을 채우다 보면 끝도 없지. 자네가 부족한 게 한두 가진가? 부족한 건 관심 끄고, 가진 것을 보강해. 장점의 강점화! 그건 비즈니스의 기본 중에 기본이야."

초등학생 시절의 기억이 떠올랐다. 이강호는 키는 작았지만, 발은 빨랐다. 그래서 축구 선수로 날렸었다. 덩치 큰 녀석들이 밀어부칠 때 이강호는 그 사이에서 어쩔 수가 없었다. 하지만 잽싸게 그 사이를 돌아다니면서 점수를 얻어냈다.

입사 시험도 떠올려 봤다. 어학에는 자신이 없었다. 아무래도 점수가 부족할 것 같았다. 대신 대학 시절에 했던 다양한 아르바이트와 연수 경험으로 만회하지 않았던가.

왜 갑자기 그때 기억이 떠오르는지. 이강호 입가에는 빙긋 웃음이 떠올랐다.

부족한 것을 채우기보다, 가지고 있는 것을 키워라! 지금 가지고 있는 장점을 강점으로 키워가는 것, 그것이 내가 밟아가야 할 새로운 길임을 이제야 분명히 알 수 있었다. 어쩌면 그것은 1년 전쯤 김 이사가 알려 주었던 '일하는 방법'에 대한

지도일지 모른다. 이강호는 고개를 들어 하늘을 봤다. 붉게 익은 감나무 들 사이로 파란 하늘이 펼쳐져 있었다.

나를 낳고 키워준 이 땅. 이 맑은 공기와 부모님의 사랑 속에서 자신감 넘치게 자라왔지 않던가. 소박하지만 비전이 있는 지금의 회사도 대기업에 비해 부족할 것 없다. 모든 것에 자부심이 느껴졌다. 그 안에서 멋지게 커나가면 된다.

어제 오후, 탐스러운 배를 먹을 때였다. 아버지는 이런 말씀을 하셨다. 못 생긴 배나무일수록 배가 달다고. 가만히 서 있는 것 같아 보여도, 과일나무도 온 몸이 뒤틀어질 정도로 진액을 짜내고 햇빛을 쫓아가면서 맛있는 열매를 만든다고 했다. 하지만 게으른 나무는 그만큼 열성적이지 않기 때문에 나무는 보기 좋지만, 열매는 형편없다고 했다. 누구에게나 내세울 하나씩은 있다. 아니, 내세울 것 대신 감추고 싶은 것만 있을 수도 있다.

그러나 그것을 장점으로 어떻게 만드느냐에 따라 인생도 바뀌는 것 같다. 못 생긴 배나무가 그 근성 하나만으로 달디 단

배를 만들 듯, 이강호는 자신 속에 있는 진액을 짜내보기로 했다. 없는 것, 이미 갖지 못한 것에 안달하며 보내기에는 인생은 너무나 짧지 않은가.

'인생의 진정한 비극은 우리가 충분한 강점을 갖고 있지 않아서가 아니라, 오히려 갖고 있는 강점을 충분히 활용하지 못하는데 있다.' 는 벤자민 프랭클린의 말은 이강호에게도 유효하다. 지금 이 순간 더더욱!!

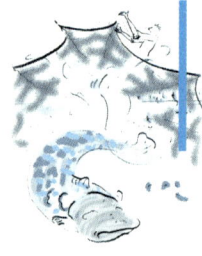

Mentor **M**essage

장점을 강점으로 바꿔라

모든 것을 갖춘 사람은 없다. 누구나 장점과 단점을 고루 갖추고 있다. 내가 좋아하고, 잘 할 수 있고, 잘 할 것 같다고 생각되는 부분, 남들이 인정해 주는 부분, 그런 것이 장점이다. 그 장점을 강점으로 만들어야 한다. 자신의 세일즈 포인트로 만들어야 한다.

"저 사람은 참 추진력이 있다." "저 친구는 납기 의식은 명확해. 밤을 새서라도 해내니까."

"저 친구는 시간은 좀 걸리더라도 일 하나는 참 정확하게 하지."

이런 것이 그 사람만의 세일즈 포인트가 되는 것이다.

남들과 다른 차별적 우위를 만들어 내는 사람만이 살아남을 수 있다. 그러기 위해서는 남과 비슷한 것을 가지고 애써서 뛰어넘으려는 건 시간 낭비다. 자신이 이미 갖추고 있는 장점을 적극 활용해 강점으로 만들어야 한다. 한 사람이 모든 것을 다 잘 해 낼 수는 없다.

많은 것을 하겠다는 욕심을 버리고, 내가 잘 할 수 있는 것 하나를 제대로 할 때, 보통 사람도 특별한 결과를 낳을 수 있다.

잘 하고 싶은 일보다는 잘 할 수 있는 일로 승부하는 것이 승률이 높다는 것도 명심하자.

5 만선의 깃발

만선의 깃발

망망한 바다 한 가운데 작은 고깃배가 떠 있습니다. 그 고깃
배 위에 찬란한 태양빛을 받으며 상기된 얼굴로 바다를 바
라보고 있는 한 어부가 있습니다. 어부의 머리 위로 고기 냄새를 맡은 갈
매기들이 요란하게 울고 있습니다. 어부의 발 밑으로는 은빛 비늘을 파닥
이는 물고기 떼가 그물을 뚫고 나올 듯 몸부림치고 있습니다.

이제 곧, 저 아래서 팔딱거리는 고기떼는 어부의 것이 될 것입니다.
어부의 튼튼한 두 다리, 단단한 두 팔뚝, 팔딱이는 심장은 오늘을 위해 준
비됐던 것입니다. 뱃전에 하얗게 파도가 부서집니다. 어부는 깊은 물 속
에 잠긴 자신의 그물을 봅니다. 그물은 가득 차 있습니다.

오랜 그의 꿈이 넘실대고 있습니다. 어부는 이마에 솟은 땀방울을 문
지릅니다. 잠시 빛나던 어부의 환한 미소는 이내 어금니를 꾹 깨문 굳은
근육 속에 묻혀 버립니다.

어부에겐 아직 할 일이 남아 있기 때문입니다. 어부는 그물을 가득 채

운 저 고깃떼를 포구까지 무사히 싣고 가야 합니다. 갑자기 폭우가 밀려올지도 모릅니다. 갑자기 상어떼가 몰려와 고기를 먹어버릴지도 모릅니다. 천 삼백 가지쯤의 장애물을 상상해 볼 수 있습니다.

그러나 어부는 다시 웃음 짓습니다. 그리고 바다를 향해 큰 소리로 외쳐 봅니다.

"문제없어! 여기까지 해냈는데, 뭔들 못 하겠어? 고기떼를 모았으니 몰고 가는 것도 충분히 잘 해낼 수 있지. 난 이제 진짜 어부라구!"

13
번지점프를 하다

.

만일 지금 죽음을 맞는다면 이승에서 가장 그리워지는 것은 무엇일까. 사랑하는 사람과의 행복한 순간들, 친구들과 술잔을 기울이며 마음을 터놓는 순간들, 등산 후의 사우나, 출근 후 마시는 모닝커피 첫 모금, 지금 손안에 느껴지는 민아의 체온… 어디 그뿐이겠는가. 어쩌면 매일 반복되는 지루한 일상조차 그리워질지 모른다. 밤낮없이 옆 집에서 새어 나오는 시끄러운 TV소리나, 공 과장의 짜증나는 잔소리까지 아쉬워질지도 모른다.

공원의 스산한 풍경 때문이었는지, 일찍 찾아온 추위 때문이었는지, 이강호 머리에는 갑자기 이렇게 청승맞은 생각들이 스쳤다.

그런데 내친 김에 이강호는 민아의 손을 잡고 있던 자신의 왼손에 힘을 꾹 넣으며 이 엉뚱한 질문을 입 밖으로 내뱄다.

"넌 지금 죽는다면 이승에서 하던 것 중에 뭐가 제일 그리워질 것 같어?"

민아가 좋아하는 것들을 어느 정도 알고 있기에, 이강호는 이 질문에 대한 답도 대충 맞출 수 있을 것 같다. 애교 많은 민아 입에서

"나야 물론 오빠지!"라는 달콤한 말이 제일 먼저 튀어나오진 않을까?

내심 기대를 하며 질문했던 이강호의 귓가에 민망한 답이 날아왔다.

"왜? 오빠 저기 올라가면 살아서 못 내려올 것 같아? 그러면서 번지점프는 왜 하겠다 그래? 관두고 그냥 저기 오리배나 타자."

민아는 냉정하게도 위압적으로 서 있는 번지점프대를 턱 끝으로 가리키며 비아냥거렸다. 마침 점프대에서는 긴 머리의 여자가 찢어지는 비명을 내지르며 뛰어내리고 있었다. 발목에 감긴 줄을 따라 거꾸로 튀어 오르는 그 여자의 모습 뒤로 저만 치에서 동동거리고 떠다니는 오리배도 몇 대 보인다. 이강호 입에서는 하마터면 '엄마야!' 하는 비명이 삐져나올 뻔 했다. 어금니를 꾹 깨물고 있었던 게 얼마나 다행이었던지. 짐짓 토 라진 채 민아의 손을 놓고 앞서 걸어가는 이강호 가슴으로 찬 바람이 '휘익' 한줄 통과해 간다.

'기지배…날 너무 잘 알어…'

성큼성큼 걸어가는 이강호 옆으로 민아가 종종거리며 다 가와 팔짱을 낀다. 애인 앞에 체면이 있지, 내뱉은 말은 꼭 지 킬 것이다. 하지만 번지점프를 하겠다는 말을 꼭 오늘 했어야 했는지, 이강호는 잠시 후회도 했다.

번지점프는 오래 전부터 한 번 해 보고 싶었다. TV화면을 통해서 봤을 뿐이지만, 의사죽음을 체험한다는 심리학자의 분 석에 호기심이 더 커졌다. 죽음의 순간을 미리 체험한다니 얼마나 짜릿한 일인가. 극단적인 사고가 발생하지 않는 한, 번지점프를 하며 죽을 일은 없다. 발목에 단단하게 감긴 줄이 생명줄이라는 것쯤은 하는 사람이나 보는 사람이나 다 알고 있는 사실이다. 그래도 고공을 아찔하게 낙하하는 순간, 보는 사람이나 뛰어내리는 사람이나 '죽음'을 떠올리게 되는 것이다. 번지점프가 주는 공포는 바로 '죽음'의 공포다.

이강호에게는 그것이 매력으로 다가왔다. 번지점프를 해냈다는 것은 '죽음'의 공포까지 뛰어넘었다는 말 아닌가. 저 꼭대기에서 뛰어내리는 것은 순간일 뿐이다. 그런데 그 순간을 통과하면, 스스로에게 묵직한 자신감이 생겨날 것 같았다. 그런 사례를 이강호는 직접 목격하기도 했다.

지난 여름 휴가 때 뉴질랜드에 다녀온 동료가 현기증이 날 만큼 깊은 계곡에 걸린 다리 위에서 번지점프를 했다며 사진을 보여 줬다. 선입견 때문인지 모르겠지만, 항상 소극적이고 뒤로만 빼던 성격의 그 친구가 한결 당당해진 것을 느꼈다. 그에게는 자신을 넘어서는 어떤 계기가 있었을 것이고, 그것이 번지점프였을 것이라는 용의가 짙었다.

요즘 이강호는 어깨가 무거웠다. 물 먹은 솜뭉치라도 짊어지고 있는 듯 휘청거릴 만큼 무거웠다. 입사 1년차가 되고 나서 나름대로 열심히 달려왔다. 언제나 그렇듯 시련도 있었고 보람도 있었다. 그 와중에 주임으로 승진도 됐다. 내면적인 성장도 어느 정도 느낀다.

자기계발, 시간 관리, 인간 관계까지 직장 생활에서 누구나 겪어 가는 갈등을 이강호도 똑같이 겪었고, 그 안에서 길을 찾아가며 한 걸음씩 발걸음을 떼기도 했다. 그 길에는 김 이사 같은 든든한 조언자와 윤 선배 같은 친절한 선배, 현우빈 같은 귀여운 후배, 민아처럼 의지가 되는 애인도 길동무가 돼 주었다. 덕분에 연초에 느꼈던 혼란은 한결 다듬어졌다. 때때로 스스로 성장했다는 자각을 갖게 될 정도로 1년은 숨가쁘게 흘러왔던 것 같다.

그렇지만 한 해를 마감하는 이 즈음, 왜 이리 허전한지 모르겠다. 한참을 달려왔는데, 출발점은 이미 한참 멀어진 것 같은데, 결승점 역시 보이지 않을만큼 멀리 있을 때의 막막함, 그것이 지금 이강호가 느끼는 심정이다.

한참을 올라왔지만 아직 정상은 아득하기만 한 등산길 같았다. 이제 어디가 길이고, 어디가 덤불인가 정도는 알게 됐다. 바위 길을 갈 때와 흙길을 갈 때, 어떻게 다르게 발을 내딛어야 하는지도 알게 됐다.

그러나 이 모든 게 지금까지의 일일 뿐이다. 앞으로 어떤 장애물이 나타날 것이며, 날씨가 어떻게 변할 것이며, 체력은 어떻게 달라질지 아무것도 알 수 없다. 지금까지도 힘들었는데, 앞으로 남은 길은 더 어려울 것이라는 생각에 그저 어깨만 무거워졌다. 그래서 그냥 뛰어내리고 싶었다.

걸어 오르고 걸어 내리는 것이 아니라 그냥 몸을 날리고 싶었다. 그러면서 자신을 넘어서는 어떤 시험도 해 보고 싶었다.

회사 생활, 사회 생활 무수한 도전을 앞두고 있을 것이다. 그것들을 뛰어넘기 위한 준비가 돼 있던가? 이강호는 요즘 끊임없는 질문들을 하고 있었다.

그런 마음 때문이었나 보다. 번지점프라는 게 아무것도 아니지만, 일단 저 관문부터 넘어 본다면 또 다른 자신감이 생기지 않을까 하는 막연한 기대가 있었다. 오늘이 아니면 안 될 것

것 같았다. 올해가 가기 전에, 뭔가 방점을 찍고 싶었고 그것은 오늘이어야만 했다.

민아를 아래에 두고 번지점프대를 오르는 순간까지도 이 강호는 오금이 저렸다. 50미터라는 점프대가 주는 심리적인 높이는 63빌딩 못지 않았다. 올라가는 엘리베이터는 또 왜 이리 덜컹거리는지. 첫 번째 공포는 시각으로 왔지만, 두 번째 공포는 몸으로 느껴졌다. 엘리베이터를 타고 점프대로 올라가는데, 바람에 흔들리며 덜컹거리는 엘리베이터 때문에 멀미가 날 지경이었다.

드디어 번지대에 올랐을 때, 발 아래의 호수는 까마득히 멀기만 했다.

사람의 심리라는 게 참 묘하다. 산에 오르며 눈 아래 펼쳐진 깊은 계곡을 보면서는 그냥 몸을 던져 뛰어내리고 싶은 충동을 느낄 때가 한 두 번이 아니었다. 그러나 막상 뛰어내려야 하는 이 순간에는 저 층층계단을 밟고서라도 다시 기어내려 가고 싶다는 생각이 든다.

하지만 이강호는 자신이 이미 너무 많이 왔고 되돌아갈 수는 없는 자리에 있다는 것을 안다. 뛰어내리거나, 멈춰 버리거나, 둘 중에 하나를 택할 수밖에 없었다.

번지점프대 위에 영원히 머물러 있을 수 없듯이, 사회 생활에서의 그 자리에도 머물러 있을 수만은 없다. 겁이 나도 한 발짝 내딛어야 하는 순간이 있다는 것을 이강호는 잘 알고 있다.

고공에서 느껴지는 바람 때문인지 볼까지 덜덜 떨리는 느낌이었다. 조금 전까지 묵직하게 느껴졌던 발목을 조이는 안전끈의 느낌도 점프대에서는 느껴지지 않았다. 심호흡을 하고 번지점프대 끝에 섰다. 교관의 구령이 바람소리에 섞여 귓가를 때렸다.

"셋, 둘, 하나, 번지!"

'에라, 그냥 죽자!'

허공으로 몸을 던질 때의 마지막 생각이었다. 귓가에 바람이 스치는 소리가 들렸다. 하늘을 가르며 내려오는 순간 두려움 보다는 후련함이 먼저 느껴졌다. 뭔가 가슴을 짓누르고 있던 것이 사라진 듯한 느낌이었다. 죽을 리가 있나. 발목을 단단하게 잡고 있는 무엇인가가 있지 않던가.

이강호는 그 순간, 뭔가 뜨거운 힘을 느꼈다. 그래, 발을 내딛어도 죽지는 않을 것이다. 그가 어떤 도전을 하든, 어떤 시도를 하든 죽지는 않는다. 그런데 무엇이 두렵단 말인가.

명문대를 나오지는 못했지만, 꼬박꼬박 월급 나오는 직장도 구했다. 남들이 모두 부러워하는 대기업은 아니지만, 대신 대기업에 다니는 친구들보다 일찍 승진도 할 수 있었다. 금전적으로 넉넉지 않게 자랐지만, 아르바이트로 등록금을 마련해 온 덕분에 일찌감치 몸에 밴 성실성이 직장 생활에도 도움이 되고 있다. 남다른 능력을 타고 나지는 않았지만 그래도 지금 이 자리까지 잘 해 왔지 않았나.

대륙의 정복자 징기스칸은 이렇게 말했다.

집안이 나쁘다고 탓하지 말라.
나는 아홉 살 때 아버지를 잃고 마을에서 쫓겨났다.
가난하다고 말하지 말라.
나는 들쥐를 잡아먹으며 연명했고,

목숨을 건 전쟁이 내 직업이고 내 일이었다.

작은 나라에서 태어났다고 말하지 말라.

그림자 말고는 친구도 없고, 병사로만 20만.

백성은 어린애, 노인까지 합쳐 100만도 되지 않았다.

내가 세계를 정복하는 데 동원한 몽골 병사는

적들의 200분의 1에 불과했다.

배운 게 없다고 힘이 없다고 탓하지 말라.

나는 내 이름도 쓸 줄 몰랐으나

남의 말에 귀 기울이면서

현명해지는 법을 배웠다.

너무 막막하다고,

그래서 포기해야겠다고 말하지 말라.

나는 목에 칼을 쓰고도 탈출했고,

뺨에 화살을 맞고 죽었다 살아나기도 했다.

적은 밖에 있는 것이 아니라 내 안에 있었다.

나는 내게 거추장스러운 것은 깡그리 쓸어버렸다.

나를 극복하는 그 순간 나는 칭기스칸이 되었다.

적은 내 안에 있는 것이다. 나를 극복하는 순간, 나는 모든 것을 이겨낼 수 있다.

도대체 뭐가 문제란 말인가. 보트에 실려 바람을 가르는 이 강호의 귓가에 민아의 목소리가 들렸다.

"오빠! 브라보!"

자, 이제 시작이다. 두려울 것은 없다. 세상은 나를 위해 존재한다. 나는 그저 달려갈 뿐이다. 이강호, 세상은 너의 것이다! 브라보!

일흔을 넘긴 잭 웰치는 말했다.

"인생이라는 게임에서 난 최선을 다해 살았습니다."

먼 훗날, 인생을 정리하는 자리에서 그처럼 당당하게 말할 수 있는 자신감. 이강호도 그런 자신을 그려본다.

할 수 있다.

꼭 해낼 것이다!

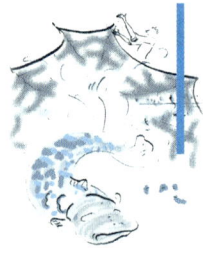

Mentor Message

또 생각만으로 끝낼 것인가?

번지점프는 인생의 메타포다. 뛰어들기 전에는 두렵지만, 막상 뛰어들면 그저 한낱 '놀이 기구'일 뿐이다. 생각만 하고 있을 때는 무엇이든 짐이고 공포다. 그러나 일단 행동으로 옮겨보면 생각보다 쉽게 이루어낼 수 있다. 그리고 그것을 발판으로 더 큰 일을 해낼 용기도 생겨난다. 주어진 상황을 극복해 냄으로써 도전 정신도 따라오는 법이다.

계획을 세울 때 가장 중요한 것은 한 가지라도 이루고 말겠다는 강한 의지이다.

현재 자신의 경쟁력을 위한 계획을 세워보자. 계획에만 그치지 말고 작은 것이라도 당장 실천해 나가자. 원대한 계획보다 더 중요한 것은 작은 실천이다. 생각만으로 끝나는 것과 실천해 나가는 것에는 큰 차이가 있다.

행동을 바꾸면 생각도 인생도 바뀐다. 행동이 모든 것을 말해 준다. 생각만으로 끝나지 말고, 자신을 넘어서 행동을 해 보자. 모든 것이 달라질 것이다.

신입사원 이강호

1판 1쇄 발행 2006년 5월 31일
1판 9쇄 발행 2015년 7월 25일

지은이 박천웅 **스토리텔링 디렉터** 최성은 **펴낸이** 김영곤 **펴낸곳** (주)북이십일 21세기북스
출판영업마케팅팀 안형태 이경희 민안기 정병철 김홍선 김영남 임규화 백세희
출판등록 2000년 5월 6일 제10-1965호
주소 (우413-756) 경기도 파주시 교하읍 문발리 파주출판단지 518-3
대표전화 031-955-2100 **팩스** 031-955-2151 **이메일** book21@book21.co.kr
홈페이지 www.book21.com

값 10,000원
ISBN 978-89-509-0879-9 13320